letras mexicanas

LAS SEMILLAS DEL TIEMPO

MANUEL MAPLES ARCE

Las semillas del tiempo
Obra poética 1919-1980

Estudio preliminar
por
RUBÉN BONIFAZ NUÑO

letras mexicanas

FONDO DE CULTURA ECONÓMICA

Primera edición, 1981

89-5617

D. R. © 1981, Fondo de Cultura Económica
Av. de la Universidad, 975; México 12, D. F.

ISBN   968-16-0802-X

Impreso en México

If you can look into the seeds of time,
And say which grain will grow and which will not,
Speak then to me, who neither beg nor fear
Your favors nor your hate.

SHAKESPEARE, *Macbeth*, act I, scene III, 58-61

A la memoria de mis padres

MANUEL MAPLES y ADELA ARCE

ESTUDIO PRELIMINAR

SEMEJANTE al viajero que mira, como si él estuviera inmóvil, precipitarse hacia atrás de la ventana del tren el alud de los paisajes inasibles; al viajero a quien los horizontes de árboles y ciudades y montañas visitan un instante, sólo para escapar después, huyendo irreparablemente a su decadencia; al viajero para cuyos ojos las primaveras no son otra cosa que pórticos efímeros abiertos hacia un otoño de caducidad eterna; semejante a ese viajero, es el hombre que cobra conciencia de la vida.

La existencia parece sintetizarse en una visión de viaje vertiginoso, de sí mismo o de las cosas, pretexto para una aglomeración de adioses desesperados y sin sentido; parten a gritos los aviones y las locomotoras y los barcos; los jardines muertos se desnudan entre caídas de sombras; las ciudades, en sucesión de flameantes esquinas enrojecidas de crepúsculos, objeto de miradas instantáneas; las flores y las estrellas encuentran su deshojamiento sin remedio; y el amor es también un panorama pasajero, y la esperanza de permanencia buscada en la existencia comunitaria albergada en la plenitud viviente de la ciudad, fracasa también.

Sólo restos de bienes despedazados, vacuas imágenes de mármol en plazas o en panteones, ofrendas fúnebres, memorias fluviales; sólo anuncios de vacío, únicamente el vacío retiene el hombre entre sus manos sin socorro.

Tal es la idea fundamental que del mundo humano se transparenta por los poemas de Manuel Maples Arce. Aquello que, dejando aparte ahora sus valores indiscutibles de renovación y creación nueva, hace el fondo permanentemente valedero de sus cuatro libros de poesía: *Andamios interiores*, *Vrbe*, *Poemas interdictos* y *Memorial de la sangre*.

Pero antes de asomarse a ese fondo, conviene, así sea de modo somero, recordar los afanes juveniles que vinieron a enriquecer los caminos de nuestra literatura.

Cuando, aplacados apenas los sacudimientos de las armas, la

revolución empezada en 1910 se consolidaba en gobierno, y los generales, cambiados los campos de batalla por las oficinas, se preocupaban por edificar cimientos de nuevas ciudades sobre las cenizas de las ciudades antiguas, Manuel Maples Arce pudo advertir que tales preocupaciones renovadoras no se extendían a los ámbitos del arte, en especial a los de la poesía, donde las cosas permanecían como si nunca hubieran de ser alteradas.

Los escritores posmodernistas persistían en su inercia de colmar sus gastados moldes de vanas palabras, con asuntos tan gastados como éstas; como si lo que sus predecesores habían hecho fuera la sola realidad, hablaban sólo de eso mismo, repitiéndolo hasta empantanarse en tediosas fórmulas sin vida. En medio de ese cansancio, Manuel Maples Arce quiso hacer que la revolución removiera también el estado de la cultura. Y consciente de que nada ocurriría si se continuaba nutriendo la poesía con estímulos literarios referidos sólo al espacio interno y a la moda, decidió abrir los ojos sobre su propia individualidad sumergida en el mundo tan variable, tan agitado a la sazón, e integrar con sus mismos estímulos y con los de las cosas circunstantes, una visión más cabal, completa y verdadera.

Buscó entonces, para hacer poesía, aparte de lo meramente subjetivo, humano indudablemente pero irremediablemente incompleto, aquello que el hombre creaba fuera de sí, que ponía en el mundo como producto de su espíritu y sus manos, y que integraba, necesariamente, el ámbito donde él se movía. Ese ámbito como una óptima ciudad, inmediata e indispensable. Y se empeñó en llevar al interior de sus poemas la ciudad de la revolución, originando así, desde ellos, la revolución literaria.

Así, entre el concierto de notas apagadas e insignificantes del arte de aquellos días, hizo sonar notas que, por diferentes y desusadas, parecieron allí agrias, afiladas, rechinantes, desapacibles; notas estridentes de cuya cualidad tomó el nombre de donde es conocido el movimiento artístico del cual es fundador y al cual se unieron ilustres músicos, pintores, novelistas, poetas: el Estridentismo.

Para alcanzar el fin propuesto, dos caminos eligió su acción juvenil: el del escándalo, destinado a despertar, a los problemas vivos de la literatura, conciencias y gustos narcotizados por las delicuescencias burguesas a que había conducido la fatiga del modernismo, y el del esfuerzo consciente por crear una nueva manera de arte, más acorde con los imperios del espíritu y el tiempo.

Inició el escándalo con algo que él consideró análogo al grito de independencia del cura Hidalgo; una llamada a la libertad, paralela en su sentido a la de 1810, para despertar a quienes dormían en su comodidad de tradiciones paralíticas. Y su acción fue rápida y trastornante. Nació entonces *Actual*, publicación de la nueva doctrina que con sus tres apariciones habría de relacionar la literatura mexicana con la de Europa y el resto de América, y de reunir en torno de Maples Arce al grupo de artistas de genio inconforme y decidido talento al cual me referí antes, y que con él iban a formar el núcleo del movimiento Estridentista. Con ese *Actual*, intentaba hacer valer una fuerza que se opusiera radicalmente a las quietudes conservadoras de la colectividad anquilosada, y acabar con la decadente poesía con que se complacía ésta. Según crónicas de la época, el escándalo cumplió su función, y las revistas y los diarios dirigieron sus furias hacia quien osaba tales cosas.

Por otra parte, Maples Arce se ejercitaba en trabajos más esencialmente profundos. Su espíritu incesante se aplicaba a la especulación sobre los problemas de la poesía, por fijar sus finalidades y sus modos y sus métodos y sus sistemas. Exploraba, dentro y en torno de sí, la manera del advenimiento de algo no expresado antes, lo que sería el verdadero grito de independencia para la poesía mexicana: "Imágenes enigmáticas que no pudieran formularse racionalmente." "Cada verso debería encerrar una imagen para pasar a otra, enlazada virtual o explícitamente... Desaparecían las relaciones visuales para transformarse en algo prodigioso." Necesidad de "ahondar las posibilidades de la imagen, prescindiendo de los elementos lógicos que mantenían su sentido explicativo".

De esta suerte, frutos de la reflexión y la voluntad, va dando cuerpo y alma a los principios que fundamentan su creación poética. Afán de originalidad, por desprecio de lo generalmente admitido; importancia de la existencia del hombre como individuo único; inmersión del hombre en la realidad, remota e inmediata; significación del trabajo colectivo; y algo nuevo también: la oposición al dolor, llamada a sepultar tanta repetida

11

tristeza literaria; y asimismo el orgullo esencial de ser hombre, de afrontar virilmente la condición humana en la encrucijada ineludible del espacio y el tiempo.

Sobre esos cimientos se asienta la obra poética de Maples Arce; de esas raíces crecen sus cuatro libros, que de allí toman su efectiva unidad. Un solo espíritu se manifiesta en ellos, y en su orden sucesivo va creciendo y perfeccionándose.

Tan coherentes son, tan unitarios en su sentido total, que la lectura de uno solo de los poemas que componen cada uno de ellos, basta para que, de modo natural, se revelen las cualidades fundamentales de su conjunto.

ANDAMIOS INTERIORES

En 1922, Maples Arce publica este libro, donde intenta poner por obra los principios mediante los cuales iba a revolucionar la literatura mexicana. Es un libro breve, de apenas trescientos versos. Pero en él, a pesar de que permanecen algunos acentos de la literatura anterior, en español y en otros idiomas, hay una voluntad de estilo propio, un impulso por modificar la tradición llevándola hacia fines y por caminos hasta entonces no admitidos por los escritores de nuestro país.

Apartándose de la polimetría modernista, *Andamios interiores* tiene, como base musical de su composición, el ritmo arcaico y monótono del alejandrino del mester de clerecía. No el alejandrino descoyuntado y móvil que produjo Darío con riqueza sin paralelo, sino el compuesto regularmente de dos grupos heptasílabos repetidos en invariable sucesión; de tal modo pudo demostrar que los esquemas rítmicos, como formas vacías, son capaces de recibir contenidos individuales que los singularizan haciéndolos siempre originales de nuevo.

La primera parte de este libro es "Ex libris".

Empieza el poeta por exponer su situación en ámbitos universales. La situación del hombre en el espacio y el tiempo cósmicos que, en última instancia, hallan correspondencia, como en la imagen de un espejo vivo, en el tiempo y el espacio de la interioridad humana. Es el principio guardado por las tablas de esmeralda del Trismegisto: "como es arriba es abajo".

12

"Yo soy un punto muerto en medio de la hora, / equidistante al grito náufrago de una estrella. / Un parque de manubrio se engarrota en la sombra, / y la luna sin cuerda / me oprime en las vidrieras."

Desde el exterior, se encuentra en estos versos la repetición de grupos de siete sílabas, ligados aquí por rimas asonantes en o-a y e-a, que vienen a hacer el ritmo, ya de suyo con esas características, todavía más insistente y grave. Mírese ahora lo significado con tales recursos; pero no se olvide que Maples Arce trató de crear imágenes no racionales, y que por esa causa todo intento de análisis conceptual corre el riesgo de ser múltiple y a la vez incompleto.

"Yo soy un punto muerto en medio de la hora."

Un punto. Esa dimensión que carece de dimensión. Esa existencia que apenas se distingue de la nada y que, con todo, es el embrión espacial de la forma de toda existencia. Y el punto está situado en el centro —otro punto— del tiempo inabarcable. Porque la hora que lo contiene es la expresión de la eternidad temporal. La hora, aquí, es en este sentido tan eterna como la totalidad sin límites o la diezmillonésima parte de un segundo.

Pero el punto, al parecer inmóvil —muerto—, se mueve en realidad con velocidad de caída vertiginosa, como un sistema de átomos o un sistema de galaxias; se mantiene, así, a la misma distancia de una estrella que naufraga. Llevada por terribles gravitaciones se desplaza la estrella, al parecer inmóvil. Y el punto humano que la contempla sigue esa caída con el mismo impulso, conservándose sin tregua equidistante a ella, sin ser capaz de huirle o de alcanzarla.

Y considérese el valor expresivo de la sinestesia: la luz de la estrella se contagia del grito aterrorizado del hombre que se siente caer sin término, llevado por el naufragio sin fondo del cuerpo celeste: "al grito náufrago de una estrella".

Y después, la conciencia de la conciencia del hombre que, sabiéndose parte fatal del universo en movimiento, sabe que está en su poder ocasionar un movimiento análogo. Y otra vez, pero ahora dentro de límites creados por él mismo, se revela la sujeción del hombre a las fuerzas incontrastables: "Un parque de manubrio se engarrota en la sombra."

La noche celeste se ha concentrado en un jardín oscuro y adquiere la docilidad de ser movida por la mano del hombre, que la hace girar como si buscara el día. Pero el manubrio que la impulsa se detiene, paralizado, porque el hombre ha percibido una luz que quiere hacer durar: en el cielo de la noche, el creciente lunar, como un arco tendido sin necesidad de nervio que lo tienda, ha encontrado su contraparte en el interior humano donde también hay un arco que, al dispararse, proyecta al hombre como una flecha hacia los cristales de la ventana por donde se asoma a mirar: "Y la luna sin cuerda / me oprime en las vidrieras."

Sigue a esta estrofa, como pausa de reposo, un dístico que significa lo que el hombre mira por su ventana: "Margaritas de oro / deshojadas al viento." Y la imagen de las margaritas de oro lleva de inmediato a recordar las margaritas-estrellas del nocturno jardín visto por Amado Nervo, y las florecillas doradas de Víctor Hugo que alumbraban, como el bordado de un vestido de primavera, la tumba de la muchacha muerta durante el último invierno. Y la estrella y la flor se emparientan, y se crea en los versos de Maples Arce un nuevo ser, incorruptible y sólido como el metal que lo constituye, y frágil a la vez, de modo que se dispersa en medio del viento de la noche. Y el viento, en esa acción, se hace uno con la mano del amante que quiere saber si es amado. El hombre y el mundo, así, se han unido en su sentido.

Ahora, en el punto de su unión, aparece la creación humana, la ciudad. Ciudad moderna y sorpresiva, inmediatamente habitable y armada contra las amenazas de la oscuridad; poderosa a hacer comprensible el tiempo que la contiene, porque lo divide en años que a su vez son meses y semanas y días distinguidos entre sí en almanaques de funciones solemnes; de solemnidades marcadas por acontecimientos cotidianos, como el paso de un tranvía por la penumbra de una calle llovida y asfaltada: "La ciudad insurrecta de anuncios luminosos / flota en los almanaques, / y allá de tarde en tarde, / por la calle planchada se desangra un eléctrico."

Y se hace perceptible la ciudad moderna, la luz que en los anuncios claros se rebela contra la noche, su tiempo distribuido por la voluntad del hombre, la máquina comunicante y viva, el

14

tranvía eléctrico cuya luz es como la sangre que lo mueve y lo dirige.

Y el hombre, el punto central del tiempo, se mira ahora, en esta hora, en su universo, en su ciudad, en su cuarto de ventanas de vidrio, en su corazón vigilante. Y piensa: "El insomnio, lo mismo que una enredadera, / se abraza a los andamios sinoples del telégrafo, / y mientras que los ruidos descerrajan las puertas, / la noche ha enflaquecido lamiendo su recuerdo."

Es el amante desvelado. Buscan sus pensamientos un medio suficiente para alcanzar a la mujer. Y ése queda simbolizado por la telegrafía, con sus postes con travesaños como andamios para construir la comunicación, como árboles verdes —sinoples— cuyos brotes de horas son palabras nacidas del ánimo del insomne. Y el silencio de éste cobra voz y trata de resquebrar las puertas de la casa donde ella duerme, mientras la noche que la recuerda se va adelgazando cada vez más en la proximidad del alba.

Y luego otra sinestesia: "El silencio amarillo suena sobre mis ojos". Un silencio que suena como bajar de hojas otoñales encima del tejado de los párpados. Y en seguida, tras esos ojos cerrados, la imagen de la mujer. Un ser transparente —otra vez Víctor Hugo—; translúcido como un prisma cristalino que de la luz blanca construye el abanico multicolor del universo entero. Todo, en esa exclamación: "¡Prismal, diáfana mía, para sentirlo todo!"

El recuerdo de esa mujer se hace concreto: manos y palabras y abrazos de llorosas despedidas; una estación de trenes, con su elemento de modernidad, para hacer vivir evidentemente la sensación de la ausencia y la distancia: "Yo departí sus manos, / pero en aquella hora / gris de las estaciones, / sus palabras mojadas se me echaron al cuello, / y una locomotora / sedienta de kilómetros la arrancó de mis brazos."

Dos expresiones, una por su complejidad y la otra por su recurso a un objeto real para explicar un sentimiento íntimo, son de señalarse: "Sus palabras mojadas se me echaron al cuello" y "una locomotora... la arrancó de mis brazos".

En la primera, las palabras mojadas, con esa concisión, presentan la imagen de la mujer llorosa que habla, que se hace palabras de despedida para abrazar violentamente a aquel que ha de ser abandonado; en la segunda, la acción real de la par-

15

tida de la locomotora sirve para dar realidad objetiva al padecimiento tenaz de la ausencia.

Pero eso ya pasó. Ida la presencia de la amada, no queda de sus palabras más que la memoria de un sonido que hiela, en tanto que la electricidad con su luz y su energía es no más que una demencia inútil entre la noche que llueve; solo en su cuarto en que las ventanas se han vuelto espejos para la memoria, mira reflejarse en ellos el hotel vecino, recuerda músicas abandonadas y ebrias, ojos cansados por las horas del vino de fiesta, y perchas cuyo esqueleto no alcanza a calentarse con los abrigos colgados en ellas:

"El cielo es un obstáculo para el hotel inverso / refractado en las lunas sombrías de los espejos; / los violines se suben como la champaña, / y mientras las ojeras sondean la madrugada / el invierno huesoso tirita en los percheros."

Cabría observar en esta estrofa que, por fin, se rompe el ritmo de los heptasílabos repetidos, y que ello ocurre precisamente en un verso donde se trata de expresar el trastorno de la borrachera, cosa que se consigue por medio del empleo de una ruptura rítmica sorpresiva: "Los violines se suben como la champaña", verso en que, además, la violenta metonimia de violines por música, acentúa la efectividad de la imagen.

A continuación, el abandonado recapitula en su fatiga. El caer de sus soledades lo lleva a recordar la caída inicial de aquella estrella que gritaba en su naufragio a través de espacios densos y silenciosos. Y la estrella náufraga se sobrepone a su memoria y se iguala con ella: "Mis nervios se derraman. / La estrella del recuerdo / naufraga en el agua / del silencio."

Y viene otra vez el ansia de compañía que estimula las potencias reconstructoras del alma que imagina; y la noche de las despedidas se contagia de las noches de amor: "Tú y yo / coincidimos / en la noche terrible, / meditación temática / deshojada en jardines."

Con esto vuelve a aparecer el parque de manubrio, y la deshojada margarita nocturna se convierte en el pensamiento mismo de los amantes.

El recuerdo vuelve, ya sin orden, a mezcladas y caóticas materias evidentes:

"Locomotoras, gritos, / arsenales, telégrafos."

Y el poema se cierra con una reflexión sobre la vida moderna, con sus luchas, sus uniones, su necesidad de organización social, predominante sobre los deseos individuales; vida que se dilata desde el centro del hombre, ese punto en medio de la hora, equidistante al naufragio de las estrellas en el silencio, que, como una piedra que cae en la superficie líquida, engendra en sí mismo la magnitud sin término de lo existente: "El amor y la vida / son hoy sindicalistas, / y todo se dilata en círculos concéntricos."

De esta manera, valiéndose de una serie de elementos aparentemente descoyuntados, construye una coherente y completa imagen del mundo, y cumple así eso que los clásicos lograron acaso sin proponérselo, y los contemporáneos pretenden tan afanosamente.

Vrbe

El *Súper-poema bolchevique en 5 cantos,* segundo libro de poesía de Manuel Maples Arce, aparece en 1924. Se trata, como lo indica el subtítulo, de un solo poema, y tiene una extensión aproximada de 200 versos.

En aquel año no se hablaba todavía de la camarilla revisionista de Moscú, ni se condenaba a Trotsky a la muerte ni Stalin se condenaba a la vergüenza, ni se usaba aquí el pensamiento de Lenin para justificar la estupidez. La revolución rusa estaba presente, y con sus grandes llamas despertaba la conciencia fraternal de los hombres hacia la necesidad de la justicia y la acción.

Esta situación se refleja de diferentes maneras en el poema de Maples Arce, alumbrado por las lumbres rojas de aquella estrella.

Para conseguir su poema, el artista reúne aquí dos géneros de experiencia: la colectiva, fruto de sus circunstancias históricas y sociales, y la individual y subjetiva, producto de sus propios sentimientos que, al lado de aquéllas, vendrán a parecer siempre doloridos y al borde del fracaso, insignificantes y sin trascendencia general.

Ahora bien: como fondo de la experiencia colectiva y la individual, Maples Arce elegirá el panorama dinámico de la ciudad moderna. Y en su poema la ciudad no será ya solamente la de

México, sino una gran ciudad portuaria, un inmenso puerto oceánico abierto a todas las esperanzas y a todos los peligros. El viajero y fijo receptáculo de las batallas y las victorias humanas. Su poema, pues, comienza con una invocación a la ciudad nueva, a la cual habrá de adecuar emociones y palabras. Escrito en versos breves de medida irregular, busca a conciencia que las palabras y las imágenes en que se condensa expresen su materia sorprendente y robusta, múltiple y ruidosa y en tensión. Así se inicia, pues, su primer canto, manifestando su intención: "He aquí mi poema / brutal / y multánime / a la nueva ciudad."

No es, así, una ciudad apacible el objeto del canto. Es la ciudad contemporánea, multitudinaria de almas combatientes, que en su agresivo desenfreno trasminarán el poema que la celebra. Esa ciudad en donde culminan juntamente los resultados de las teorías de la ciencia y de la sociedad. Con el esfuerzo de sus maquinarias, con el escándalo asombroso de sus impulsos de vuelo: "Oh ciudad toda tensa / de cables y de esfuerzos, / sonora toda / de motores y de alas. / Explosión simultánea / de las nuevas teorías."

Un poco a la manera de Walt Whitman, avanza el poema, grandilocuente y brusco; la doble aparición de las palabras *nueva* y *ciudad*, señala el asunto primordial; palabras consideradas extrapoéticas como *brutal, cables, motores, explosión*, marcan el tono estridentista, que se equilibra y enriquece al combinarse con otras palabras, ésas sí tradicionalmente empleadas en poesía, como *esfuerzos* y *alas*, que con sus significados espirituales y ascendentes crean un ambiente optimista y triunfal.

Pero esas realizaciones verbales no bastan al poeta, que se siente todavía por encima de su tema, aunque éste pudiera superar las realizaciones del propio autor del *Canto a mí mismo* o del pintor que condensó un mundo nuevo. Pues hablando de esa misma ciudad tensa y sonora, reflexiona que está: "un poco más allá / En el plano espacial / de Whitman y de Turner / y un poco más acá / de Maples Arce".

Y piensa en la ciudad alumbrada por el advenimiento de la revolución social, y en la incompetencia de los poetas contemporáneos suyos para comprender su irrupción violenta e iluminadora. Y una imagen ingente y plástica, como la de un dios gigantesco, le sirve para expresar su sensación del gran aconte-

cimiento contemporáneo: "Los pulmones de Rusia / soplan hacia nosotros / el viento de la revolución social."

Obsérvese, en primer lugar, la personificación de Rusia, y luego, la manera como ésta es definida por su parte que respira y
agita el aire mundial. Son los pulmones del gran país los que
soplan, los que impulsan la revolución hacia todas partes; y la
revolución se metaforiza, sosteniendo la imagen inicial, en el
viento terrible empujado desde el fondo por los inmensos pulmones.

En contraposición con la imagen portentosa, aparecen, sucios
y minimizados, los artistas impotentes: "Los asalta-braguetas literarios / nada comprenderán / de esta nueva belleza / sudorosa
del siglo."

Otra vez encontramos los dos planos verbales, el nuevo y el
tradicionalmente poético. Junto a la palabra *asalta-braguetas,*
la palabra *belleza.* Y véase cómo esta última se matiza y adquiere valores distintos entre dos objetivos: *nueva* —otra vez esta
palabra— y *sudorosa.* Y cómo el empleo de este adjetivo se hace
aún más efectivo por su situación en el encabalgamiento de dos
versos: "Esta nueva belleza / sudorosa." Y luego, el ámbito temporal, presente y extenso; el instante se engrandece y adquiere
la magnitud "del siglo".

Como frutos de un árbol celeste, los astros del romanticismo,
ya inútiles y putrefactos, se desprendieron hacia lo más bajo de
la tierra; y hieden y corrompen con quienes todavía los cantan;
los que no han comprendido la nueva belleza sudorosa del trabajo y el combate: "Y las lunas / maduras / que cayeron, / son
esta podredumbre / que nos llega / de las atarjeas intelectuales."

Y hay que notar el adjetivo "maduras" atribuido a lunas, que
al punto hace que éstas se conciban como frutos arbóreos, y jus-
tifiquen del todo el empleo del verbo caer. Vuelve el tema inicial del canto: "He aquí mi poema", luego, la invocación directa: "¡Oh ciudad fuerte / y múltiple, / hecha toda de hierro y
acero!"

Múltiple la ciudad, como es multánime el poema que la celebra. Y la tensión, los cables, los esfuerzos, el sonido de las alas
y los motores, se concentran en los metales industriales capaces y
flexibles: hierro y acero. Y la ciudad está junto a un océano poderoso, y es lugar del trabajo humano: "Los muelles. Las dárse-

nas. / Las grúas", sigue Maples Arce, eludiendo en su descripción todo vínculo de carácter explicativo, y haciendo así su descripción rápida y efectiva.

"Y la fiebre sexual / de las fábricas", prosigue, proponiendo una imagen sugerente de las chimeneas fálicas y el hervor vital y creador del trabajo colectivo.

Ahora el vasto panorama ciudadano se va reduciendo a los ojos del poeta, y la ciudad de todos se va haciendo paulatinamente su ciudad, la que él habita, donde él ama y goza y padece; un panorama de luz batalladora, junto al paso del tiempo que ya no es un siglo general, sino una serie de días concretos: "Vrbe: / Escoltas de tranvías / que recorren las calles subversistas. / Los escaparates asaltan las aceras, / y el sol, saquea las avenidas."

Es un paisaje de calles recorridas por ímpetus revolucionarios, de gente que se transporta mecánicamente, mientras la luz creada por el hombre toma por asalto lo que tiene más próximo, mientras la luz cósmica se apodera de los caminos recorridos por el hombre mismo.

Y eso ocurre en el tiempo cuyo transcurso marcan medios de rápida comunicación, momentos que ascienden verticalmente: "Al margen de los días / tarifados de postes telefónicos / desfilan paisajes momentáneos / por sistemas de tubos ascensores."

Orden de ascensos como sistemas planetarios, yendo siempre hacia arriba. Y luego, la ciudad, reducida ya a la que rodea al poeta, se condensa aún más, y se hace su ciudad interior, poblada y definida alguna vez por la mujer que ama: "Súbitamente, / ¡oh el fogonazo / verde de sus ojos!"

Nuevamente la descripción hecha al margen de los procedimientos racionales del idioma. Y otra vez el encabalgamiento forzando la potencia imaginativa: La exclamación: "Oh el fogonazo", expresión aislada, con sentido de explosión violenta, se remansa a continuación en la figura femenina: la explosión es verde; es la mirada rápida y deslumbradora de unos ojos recordados. Y el tiempo ya no es siglo ni días; el sentimiento individual lo ha reducido a una hora, desde la cual es posible mirar, como desde una ventana; una ventana bajo la cual desfila el progreso revolucionario, objeto y producto de la ciudad moder-

20

na: "Bajo las persianas ingenuas de la hora / pasan los batallones rojos."

Y así se renueva la visión de Rusia y su victoria iniciada. Y otra vez el contraste fortalece el paso del poema: "El romanticismo caníbal de la música yankee / ha ido haciendo sus nidos en los mástiles."

Así, mientras las calles citadinas se alumbran con el sol de la revolución, las cosas viejas, el romanticismo devorador de la dignidad humana, se refugian en la muestra artística y ruin del país capitalista, y ocupan clandestinamente alturas viajeras. Y la idea de los mástiles convoca la de los navíos, y la de éstos, la de los puertos donde llegan a fondear.

Ahora sabemos por qué la ciudad invocada y cantada por Maples Arce es un puerto de océano. Porque un puerto, por su propia esencia, es una ciudad que no puede pertenecer a una sola nación, sino que es patria de todas: "¡Oh ciudad internacional! / ¿Hacia qué remoto meridiano / cortó aquel trasatlántico? / Yo siento que se aleja todo." Es el puerto, como punto de partida de un viaje salvador, cuyo término está en todas partes. Y como hacia el mar envía la ciudad sus barcos renovadores, envía sus trenes salvadores hacia tierra adentro, hacia ciudades lejanas que ocupan el horizonte: "Yo siento que se aleja todo. / Los crepúsculos ajados / flotan entre la mampostería del panorama. / Trenes espectrales que van / hacia allá / lejos, jadeantes de civilizaciones."

Como una tela vieja y gastada, la lumbre del atardecer se gasta aún más en las cimas de concreto de las ciudades distantes. Y en esa media claridad, como espectros de máquinas, jadean los trenes llevando el peso de la comunicación civilizadora.

De nuevo bajo la luz de la técnica de los encabalgamientos, vale la pena leer los últimos versos de esta estancia: "Trenes espectrales que van", dice el primero de ellos, como si encerrara un concepto completo. Pero el siguiente verso disipa esta idea: los trenes van "hacia allá"; como si fuera un allá definido. Pero esto tampoco es verdad. Los trenes "van hacia allá / lejos", apunta sin falla el segundo encabalgamiento. Y la idea de lejanía se acentúa con el jadear fatigado por la longitud del viaje de los trenes civilizadores.

Un nuevo giro, y sin transición aparente, el poema se vuelve de pronto, otra vez, a la multitud revolucionaria que desfila: son "los batallones rojos", las "escoltas de tranvías", la revolución social soplada por "los pulmones de Rusia".

La multitud de los desheredados ha dejado sus lugares habituales donde era víctima de opresión y miseria, y se ha lanzado a las calles enlodadas por la injusticia, y camina por ellas creando con sus pasos los acordes de un himno guerrero: "La multitud desencajada / chapotea musicalmente en las calles."

Resalta ahora el concepto de música como fuerza libertaria y civil que se insinuó al principio del poema al decir que la ciudad es "sonora toda", y se enuncia con precisión en estos versos. Los pasos de la multitud en rebelión hacen la música que destruirá la rabia rapaz de la burguesía, y creará los cimientos de la ciudad futura, libre como un grito que es un canto, que es una bandera de guerra: "Y ahora, los burgueses ladrones, se echarán a temblar / por los caudales / que robaron al pueblo, / pero alguien ocultó bajo sus sueños / el pentagrama espiritual del explosivo."

Tras el prosaísmo absoluto de los tres primeros versos, donde no hay sino expresión llana de un deseo o de un anuncio; donde no hay ninguna trasposición del lenguaje; después de los tres versos puramente enunciativos, vienen dos concentradamente poéticos, en su tema y en su expresión. En primer lugar, ese sujeto indefinido de la acción, ese "alguien", que puede ser todos los que sueñan y luchan por la justicia; luego, la acción misma: "ocultó bajo sus sueños". Y la idea del sueño como deseo se funde con la del sueño como dormir; y, ligada con este segundo significado, la expresión "bajo sus sueños" trae de inmediato a la conciencia la expresión léxica "bajo la almohada"; expresión que a la vez atrae de nuevo la del sueño como visión y la del ocultamiento de algo precioso en lugar secreto y defendido por la cabeza misma de quien sobre él se apoya. Y lo que aquel alguien guarda bajo el sueño-visión-almohada, es su arma infalible y libertadora, que en ese secreto crece y se prepara: "el pentagrama espiritual del explosivo".

Reaparece de esta manera el concepto de la música como arma; el pentagrama es fruto del espíritu que se enfrentará a las potencias burguesas de la rapiña, y la música misma en él notada será el origen de la explosión que destruirá aquellas potencias.

22

Y llega por última vez, la tercera, la mención al propio poema, que ahora, por medio de una triple oposición, se define como imágenes múltiples de amanecida: banderas, gritos de victoria, aplausos, mañanas que se encierran para siempre, inmarchitables ya, dentro de los ojos libres que las miran: "He aquí mi poema: / *Gallardetes de hurras al viento,* / cabelleras incendiadas / y mañanas cautivas en los ojos."

En seguida de ese canto de voces y de llamas, de estandartes triunfales y amaneceres humanizados, llega la postrera invocación de la ciudad, ahora ya vencedora; ya toda de música, de ritmos que son los del esfuerzo, los de los motores, los de las alas; ritmos que se despliegan como una bandera roja sobre la humanidad predestinada: "¡Oh ciudad / musical / hecha toda de ritmos mecánicos!"

Esa ciudad moderna, punto de partida, el puerto profético y libre que envía su música libertadora hacia todos los puntos del orbe. Y el poeta, como si viera de súbito que su entusiasmo lo ha llevado demasiado arriba en su entrega profética, se recoge al final —maravilla del anticlímax—, se recoge al final en sí mismo, y reflexiona en la realidad del mundo y en la función que, dentro del mundo, le corresponde a él como poeta. Y piensa en el futuro humano, en la índole trágica de la condición humana, y en el poder de la poesía como instrumento de dignidad; el único que para él es posible concebir y emplear en su combate; el único indestructible contra la humillación con que el hombre se ve de continuo amenazado por los poderes exteriores. Y concluye así: "Mañana, quizás, / sólo la lumbre viva de mis versos / alumbrará los horizontes humillados."

POEMAS INTERDICTOS

En la obra de todo poeta existe una serie de palabras, significantes de conceptos o de contenidos emocionales, que pueden servir de clave para descifrar la visión que él tiene del mundo. Estas palabras son como un mirador desde el cual el espíritu del lector tiende la vista sobre el espectáculo de su propio mundo concebido por otros ojos, revelado en aspectos para él hasta entonces ignorados. Porque la lectura de un poeta es, para quien la hace, un instrumento iluminador de sí mismo, que amplía y enriquece sus capacidades comprensivas de sí mismo y de las cosas que lo circundan.

Si se buscan esas palabras en la obra de Manuel Maples Arce, esas palabras que aparecen como señales definitivas a lo largo de todos sus poemas, se encontrará un grupo de ellas que, aparentemente, designan realidades objetivas; vastas visiones abiertas a la distancia, como *horizonte, panorama, continente, Atlántico*; visiones más reducidas, como *ciudad, puerto*, y, complemento de éstas, otras aún más concretas como *calles* o *ventanas* o *balcones* o *jardines* o *parques* o *plazas* o *avenidas*; junto a esas palabras que designan realidades espaciales hay otras que expresan ideas de tiempo: *día, otoño, crepúsculo, hora, tarde, noche*; hay al lado de las palabras designadoras de espacio y de tiempo, otras que de alguna manera mezclan, relacionándolas, ambas categorías, que con ello comienzan a cobrar un sentido de realidad subjetiva.

Entre éstas, por ejemplo, están *viaje, barcos, telégrafo, trenes, trasatlánticos, teléfono, navegación, flores deshojadas, muerte, hojas secas, caída de hojas, despedidas, adioses, espejos, trampolines*; ya dentro del dominio de la subjetividad, una nueva serie de palabras significa un conjunto de estados anímicos entre los cuales sobresalen el insomnio, el recuerdo, el sueño.

Mezcladas a los conjuntos hasta aquí dichos, se presentan voces designadoras de objetos o estados de alma que se van asociando según el caso a lo que ellos van significando: *música, gritos, pájaros, pañuelos, luna, muchedumbres, canciones, motores, aplausos, pentagramas, pianos, subversiones, despeñaderos*.

Estas palabras, con los conceptos y emociones que transportan, aparecen, repito, a lo largo de toda la obra de Maples Arce. Surgen en *Andamios interiores*, se enriquecen en *Vrbe*, y se alumbran en *Poemas interdictos* y *Memorial de la sangre*.

Así comenzamos a verlo: un vasto panorama espacial corre hacia su propia ruina por los caminos voraces del tiempo. Y para el espíritu del poeta vigilante —insomne— y memorioso, todo se condensa en una visión de adiós desesperado a sí mismo y a todas las cosas.

El tercer libro de poemas de Manuel Maples Arce es *Poemas interdictos* y fue publicado en Xalapa en 1927. Dominados ya por completo sus recursos, el poeta construye deslumbrantes arquitecturas verbales; situado en el centro de su propia individualidad conquistada y consciente, mira todas las cosas a través de sí mismo, sin ninguna contaminación externa. Y las mismas palabras reveladoras que aparecen en sus libros anteriores, se condensan en éste y descubren plenamente sus ya esbozados contenidos de significación profunda.

Hallamos aquí también los panoramas extensos, los horizontes como límite siempre inalcanzable; los otoños que contagian jardines y árboles y hojas y pájaros; los puertos, los océanos, los balcones, las calles, la deshojadura del mundo entre la cual el poeta, despierto sin remedio, hace trabajar su memoria. Y el recuerdo llega y se va con el tiempo, haciéndose de modo irremisible doblemente pasado, y por lo mismo, doblemente inalcanzable.

Sí; las cosas presentes no son para él más que motivo de adiós, y lo mismo le ocurre con las cosas pretéritas que la memoria vuelve a traer a su *ahora* fatalmente efímero. Huye irreparable el tiempo mientras él, cautivo del amor, siente que el amor mismo se le escapa, se le escapa ya para siempre.

El adiós y el recuerdo constituyen, así, la médula en torno a la cual este libro va creciendo. Y el adiós y el recuerdo encuentran en el viaje el símbolo que los representa. Como asomado a una ventana en movimiento sin reposo, el poeta mira las cosas precipitarse en sentido inverso al de su camino. Y de esta suerte el espacio se puebla de condiciones temporales y pasa también; es pretérito como la hora en que se vio su desaparición.

Y la vida, así, es un doble ir dejando atrás instantes y perspectivas. Y al admitirlo así el poeta, trata de alegrarse, con todo, aunque al final haya de verse desolado por una angustia que se le vino dentro y que no fue poderoso a vencer.

El último poema de la primera parte del libro *Poemas interdictos*, se llama "80 H. P.". Así como el primero, "Canción desde un aeroplano", describe la experiencia del viaje por el aire, con su distanciamiento natural de la tierra y quienes la habitan, éste trata de la sensación de un viaje por caminos terrestres, impulsado por el motor de un automóvil cuyo poder da nombre al poema.

Aparece la sensación de lo que va dejando atrás en el tiempo y en el espacio; la angustia de no poder retener nada. Y otra vez se percibe el gozo sorpresivo del momento, opacado en su misma raíz por la certeza final del abandono y de la muerte, que se miran como un ejército inevitable y adverso.

El paisaje cuya descripción inicia el poema, tiene ya factores de movimiento y decadencia que se irán desarrollando más tarde en sentidos particulares. Se presentan en él puros elementos característicos de la poesía de Maples Arce, todos definitorios de su concepción peculiar del mundo: la decadencia de las cosas, simbolizada por el otoño; el balcón, como mirador de lo que en el mundo ocurre; la música, como imagen de libertad; el jardín, como ambiente de libre soledad; la arquitectura de las construcciones urbanas, constitutiva de la ciudad como correlato objetivo de la subjetividad del poeta, como motivo predilecto de poesía. Y además, el sentido social que opone la triunfadora aparición proletaria del jardín al asentimiento antirrevolucionario de las casas que lo circundan.

Y, por último y envolviéndolo todo, la sensación terrible de lo que se va sin reparación posible, lo que de continuo se pierde para siempre.

Principia: "Pasan las avenidas del otoño / bajo los balcones marchitos de la música, / y el jardín es como un destello rojo / entre el aplauso burgués de las arquitecturas."

Así, nos deja ver una imagen de viaje en la cual el que se mueve no es el viajero sino el camino por donde transita. Inmóvil el balcón decadente, es mirador para percibir la decadencia inmensa del tiempo en camino. Y el otoño viste de rojo al jardín y de ese modo lo identifica con la revolución de los pobres entre la riqueza situada en torno suyo.

Luego de esa descripción general, un solo verso en que reaparecen concentrados los elementos urbanos y los del tiempo que se va, sirve de transición al comienzo de la descripción del viaje que da motivo al poema: "Esquinas flameadas de ponientes."

Es, pues, la ciudad en la tarde, con sus pasajeras esquinas consumiéndose en la luz del crepúsculo, recorrida por el vehículo en marcha. Y el vehículo es pequeño, y vive y protege con su materia casi animada a la mujer acompañada del hombre que lo tripula: "El automóvil sucinto / tiene a veces / ternuras / minerales. / Para la amiga interferente / entregada a las vueltas del peligro."

¿Con qué parte del poeta interferirá la presencia de esa amiga que no teme el riesgo de los giros del automóvil velocísimo? El poema mismo parece responder a la posible pregunta. Su siguiente estancia sintetiza la visión de la realidad inmediata en aquel momento: la compañía femenina, condensada en una sonrisa en equilibrio sobre el movimiento y el peligro del viaje, y una cabellera pálida removida por el encuentro del aire, y el paisaje huyente que se esparce como una caricia fugitiva dentro de los ojos que lo miran: "he aquí su sonrisa equilibrista, / sus cabellos boreales, / y sobre todo, el campo, / desparramado de caricias".

Están planteados ya los elementos temáticos del poema; el poeta y la mujer que lo acompaña, dentro de un automóvil, han dejado atrás la ciudad, como algo en proceso de destrucción, de allí las menciones de tintes crepusculares, y viajan velozmente en el campo que los recibe como la libertad.

Ahora es ya la plenitud del viaje, en la cual se irán mezclando y alternando los estímulos de la mujer y del camino al aire descubierto. Y, como otro Cristóbal Colón, el poeta descubrirá un mundo desconocido para todos, que esos estímulos irán revelando solamente a él, afortunado como nadie:

"Países del quitasol / nuevo / mundo / latino / de sus ojos."

Allí está la idea, nace allí para él la sensación del descubrimiento. En los ojos de ella, todo un mundo desconocido, pero lleno de antiguas tradiciones y culturas propicias. Y todo ese mundo es sólo para él, porque, la presentación tipográfica del poema así lo revela, es una visión que sólo él puede disfrutar: "—espectáculo / exclusivo—", dice.

Todo esto se manifiesta en un instante mismo, como vuelve a revelarlo la tipografía del poema. Y se manifiesta en la identificación del motor del automóvil y el corazón del hombre; en el ruido de la máquina y la angustia del corazón, angustia de soledad y de ansiedad y de amor; de este modo, por una parte, leemos: "En el motor / hay la misma canción." Y frente a esto, y como su equivalente, "(El corazón apretado como un puño)". Y es de observarse que la distribución tipográfica resulta aquí eficiente recurso poético, al presentar simultáneamente realidades de orden diverso, realizando así una suerte de metáfora visual: si dijera, por ejemplo, "Los países del quitasol, nuevo mundo latino de sus ojos, son un espectáculo exclusivo", y luego: "En el motor hay la misma canción, mientras yo tengo el corazón apretado como un puño", el poema estaría muy lejos de conseguir la comunicación exacta e inmediata que logra con su presentación en que los objetos poéticos, al colocarse frente a frente las palabras que los designan, constituyen unidad efectiva.

La angustia sugerida por la expresión: "El corazón apretado como un puño", no desaparece allí, sino que se prolonga y se extiende hasta abarcar el paisaje exterior y el ánimo todo del poeta. Esa angustia vital que le provoca el transcurso que todo le arrebata. Como se aprieta su corazón, así es apretado el paisaje que se va dejando en el pasado, con rapidez de ráfaga de tormenta, mientras hacia adelante la ruta se estrecha igual que en una pesadilla; en uno de esos sueños tremendos en que uno se esfuerza vanamente por apartar las paredes implacables que se le cierran encima: "A veces pasan ráfagas, paisajes estrujados, / y por momentos / el camino es angosto como un sueño."

Pero, como si amaneciera o como si despertara, todo ese angostamiento de alma y de paisaje desaparece. Se abre todo de par en par, lo mismo que las puertas del día. Y esta abertura se produce y se revela mediante una imagen que, en su apariencia, es aquella favorita de Maples Arce de la mano que deshoja una flor. Pero su significado no es aquí el de la pérdida o el acabamiento, sino el de la conquista de una inmensidad. Porque la flor deshojada no es ahora la margarita interrogada o la novia blanca, sino la que contiene los rumbos que conducen a todas partes, y de acuerdo con la cual se ordena la realidad del espacio. Y quien la deshoja es la mujer que solamente él está destinado a mirar en ese momento; describe, como si reflexionara sobre algo antes no advertido: "Entre sus dedos / se deshoja / la rosa / de los vientos." Abierto así mágicamente el camino, la alegría de asirse del momento presente ocupa al poeta.

Habiendo admitido que todo se va, al igual que desaparecen de su vista los árboles del camino que recorre; que todo regresa hacia atrás, hacia su propio atardecer, que es su consunción, se reúne todo él en la gloriosa sensación del presente, que toma para él contenidos eróticos irreemplazables.

Cierto, las cosas que ahora se miran marchan hacia atrás, y allá se quedan, semejantes a barrios de ciudades perdidas. Pero existe ahora algo poseído indudablemente, lleno de movediza alegría, rebelde en su evidente sumisión, deslumbrante en su fulgor de piel amorosamente próxima.

Por eso, después de figurar así sus sensaciones de viaje y de pérdida: "Los árboles turistas / a intervalos / regresan con la tarde. / Se van / quedando / atrás / los arrabales / del recuerdo", después de figurarlas así, se detiene para exclamar, como si designara lo que para él conforma la totalidad del mundo y la vida: "—¡oh el alegre motín de su blancura!—"

Ahora lo posee todo. Libre, recorre las vecindades de la ciudad amada, que ahora, en su conciencia de la realidad, no es ya la gran urbe lejana, el puerto de océano, sino otra vez su ciudad de México, donde ha buscado y encontrado la posibilidad de ser.

De nuevo presentadas en orden simultáneo, aparecen la libertad musical, ahora reducida al ámbito de su misma medida, y los arrabales, no del recuerdo; sí del presente espacial y temporal en donde existe. Lo expresa de este modo: "Tacubaya, / San Ángel, / Mixcoac." "Pequeños / alrededores de la música"; medita, de la misma suerte que si encontrara justo perderlo todo después de haberlo poseído todo: "Después / sólo las praderas del tiempo." Ese tiempo voraz, aliado de la muerte que aguarda.

Tiempo y muerte, confundidos en su conciencia e identificados con la hostilidad multiplicada de las horas nocturnas, le dan los últimos versos: "Allá lejos / ejércitos / de la noche / nos esperan."

Es la última esperanza: que el instante actual se prolongue, que la pérdida, las filas destructoras del tiempo, la oscura muerte, estén lejos. Que tengan que esperar todavía largamente.

MEMORIAL DE LA SANGRE

El cuarto libro de Maples Arce, donde el poderío de alas de las palabras alcanza la perfección del equilibrio en vuelo, mantiene, revestidos por el lujo del idioma conquistado, los mismos sentidos trágicos de los tres anteriores. Pero deja ver los principios de una sabia comprensión de las cosas que, virilmente, son asumidas con la serenidad espiritual lograda por el ejercicio pleno de la conciencia.

Agobiado por ese irse yendo incesante de todas las cosas, por esa inmovilidad suya de viajero vertiginoso que presencia la decadencia del mundo, el poeta intenta radicarse y enraizarlo todo en un suelo firme, dentro y fuera de sí mismo.

Procura que las cosas se afirmen en una pretendida duración inmóvil, y su esfuerzo no da los frutos buscados. Porque al arraigar su sueño, sólo lo arraiga en una terrible movilidad: "...un sueño arraigado / en la luz vegetal, que se extiende en la tarde". Si se coloca en el tiempo, éste es sólo una corriente de rumores: "yo soy el pensamiento de un ausente / a orillas de un estío rumoroso de árboles". Su memoria, que persigue lo inmortal del amor, se establece en un pedestal necesariamente transitorio, en camino hacia una noche cercana: "¡un grito que se eleva sobre el pedestal de la tarde!"

Y él, sin movimiento, es el punto donde convergen un instante, para alejarse luego divergentes, ríos, pasiones, fechas volátiles. Y aspira a encontrar firmeza en lo pasajero, en esas mismas presencias que llevan en sí la certidumbre de la ausencia: "Mis ríos, mis cataratas, mis rumores de bosques, / todo lo que me sonoriza y me afirma." Espera regresar con ellas, sacar de ellas la evidencia de lo que existe libre del tiempo; pero al final lo único evidente es el silencio; un silencio sólido en el cual todo viene a ser confundido: "Un abismo de letras, un cuerpo de silencio."

En medio de golpes y choques aniquilantes, trata de erguir el inmenso día de la libertad, "el gran día que comienza"; pero la libertad es un otoño que echa a volar pájaros como hojas secas: "la libertad despide sus pájaros de octubre". Es una estación combatida por constantes derrumbes, asediada "de estragos y de angustias". Los vientres preñados sufren en sus frutos la amenaza de hachas asesinas; contradice la quietud de los cielos el angustiado fluir de la existencia; "palidez, sueños, / ceniza, adiós, bosque, mirada, / mar, viento", todo lo efímero, forma los elementos donde querría fundar la eternidad.

Y otra vez amenazan al fugitivo el silencio, la soledad a donde todo se dirige, la noche donde el recuerdo mismo es deshecho;

las ciudades donde se quiere fijar, le son "nostalgia y estruendo"; el recuerdo de la gloria humana, consolidada en "los esplendores del orden" de las estatuas y las ofrendas fúnebres, es insuficiente a conservar la realidad verdadera; la memoria se vuelve un río de sueños de los cuales no es posible despertar, y que acompaña a las cosas en su desaparición, y la libertad, "el gran día", "la música en la piedra", es tan endeble y pasajera "como un soplo entre las frondas".

Las eternas mujeres reciben en su seno las hojas muertas de "los altos otoños"; el trabajo humano irradia una "muerte de acero"; las ciudades son incapaces de saciar su "sed amarga", su anhelo de fijeza, y todo es un viento que arrebata lo presente con sus presagios inevitables. Y el poeta allí, a la mitad del cambio y el acabamiento, piensa en una suerte de resurrección en un futuro imposible, donde poder despertar del recuerdo a la sombra de las inmortales coberturas de un "árbol milenario", y aspira a un olvido de donde, un día, pueda renacer, transfigurado en el contenido de una voz milagrosa.

La armonía también se disipa en el tiempo. Como clavada, la luz se fundamenta en un acervo de ruinas. Igual que esa luz, el poeta advierte en un instante la definitiva ruina de las cosas. Y piensa en la vida que allí existió antes que sucumbieran; en la cólera, el amor, las zozobras, el odio, que ahora son sólo corrompida paz, miseria, tiránicas presencias. Ciego, sordo y mudo, "sin mirada y sin eco", el cuerpo de lo que fue, únicamente origina ahora el espanto febril que se levanta como polvo de olvido.

Y le queda el amor. Pero el objeto del amor es también rumores, luz, canto de pájaros que se desvanece, puerto de despedidas: flor "girando hacia la ausencia", fulgor expirante, espectro, éxtasis que termina.

Contra el tiempo, duda sin tregua, está la caricia que prueba la certidumbre de la presencia. Pero bajo la caricia están esos cabellos que escapan como "de brisa", como sonido de "silbato lejano"; está la transitoriedad que se une con el tiempo. Y la carne se revela como ausencia, eco de ausencia sólo, inútil "mármol contra el viento".

En la tarde, la amada es convocada por un viento de velocidad mecánica, "una brisa de hélices"; "expresos sinfónicos" arrastran su sonrisa; sus señas son trasmitidas por raudos impresos; hacia ella va todo lo fugaz, "los recuerdos, las hélices, los rieles". Fugaz, ella se mueve con alas, sueños, vértigo, electricidad. Nada suyo, sino en apariencia, puede detenerse.

El amor, pues, depositado en un objeto transitorio, se hace transitorio también, y carece del poder de establecer y fijar.

Y sólo le queda al poeta, como posibilidad de esperanza de permanencia, la existencia de la poesía, suya o de otros. Aquel deseo de que, en un canto futuro, sean recitadas su vida, su fábula, su ausencia. De que, consolidada en creación de arte, la vida se conserve para siempre. Y pretende que arte y amor, aliados en su fuente, consigan perpetuar ese fruto de prodigio en un seguro renacimiento.

"Renacimiento" es el nombre de uno de los últimos poemas de este libro. Es un paisaje de claridades y sonidos. Desnuda la mujer como el mar, adquiere de éste la vasta resonancia rítmica, ese ruido de masas translúcidas que propaga sus ondas como luces entre follaje a los cuales da fondo la quietud del cielo previo al crepúsculo: "Su desnudez marina resuena entre los árboles / como la claridad pulida de la tarde."

Como un templo derrumbado, como una derrumbada constelación de rosas cuyos despojos se confunden un instante con las saladas rosas blancas de los labios marinos en la arena litoral, el cuerpo desnudo se tiende de mármoles y pétalos: "las columnas tendidas, las rosas de su cuerpo / desgarradas, a orilla de la espuma".

Pero todo ese fulgor, toda esa música, sucumben bajo un peso inexorable; son empujados hacia su destrucción, son asfixiados por el transcurso que todo lo destruye: "¡Oh, gloria estrangulada por el tiempo!"

Trasminado por esa presencia temporal desoladora, nace el principio de la segunda estancia del poema. Y la rebelión interior del hombre contra lo que combate al cuerpo que él ama, se asocia con rebeliones colectivas; el dolor social se incorpora al individual, y se manifiesta en sangre y en grito libertario; aparece de nuevo el otoño como signo de la disolución, ahora signo también de conocimiento: "Desintegra el otoño su conciencia amarilla / mientras sangra la voz de las insurrecciones."

Ahora el templo derrumbado, sus "columnas tendidas", recobra su índole carnal, removido precisamente por su parentesco

32

con el material pétreo, cuyo frío lo sacude con un contacto de vida consumida y pretérita, vida que le llega hasta lo íntimo despertando otra vez, en su perfecta individualidad, los impulsos de la solidaridad humana hacia la justicia. Despertado el cuerpo en la tarde junto al mar, siente en su interior la rebeldía contra el tiempo que lo estrangula y lo arruina, y se contrae de súbito a causa de ese hecho, y se solidariza con todo cuanto se opone en el mundo a las fuerzas injustas: "viene un soplo de mármol a estremecer su carne / y surge de la memoria de las ruinas, / las entrañas crispadas de injusticias".

Y el hombre, junto a aquel cuerpo rendido ya a las amenazas del tiempo, quiere verlo otra vez de mármol, como un templo perenne, pleno en la duración sin límite de su materia y resplandeciente de belleza sin término. Pero en ese mismo instante cae en la cuenta de que la misma belleza que debía darle fundamento inacabable es el principio de su acabamiento: porque la fuerza de la belleza es tan grande que lo absorbe todo y lo consume como una hoguera despiadada: "¡belleza que consume, eternidad petrificada!"

De esta manera, del primero al último de sus libros, Manuel Maples Arce mantiene un tono y un sentido unitarios y coherentes. Su concepción de la vida humana, de la función del hombre y del mundo, su aspiración a los valores del individuo y de la sociedad, dan cuerpo a una obra admirable también por sus impulsos de superación formal.

Exaltado por las fuerzas colectivas que en él cobraban individualidad, trabajó en esa obra conquistando los poderes necesarios para descifrar y revolucionar lo existente, y para extraer de la asediante fugacidad alguna luz que alumbrara lo permanente del hombre.

Sabiendo que los elementos interiores sólo podrían convertirse en objeto artístico si su expresión se relacionaba con la evidencia exterior del mundo como ámbito para el hombre y como receptáculo de la modernidad, escribió.

Y así se formaron *Andamios interiores*, *Vrbe*, *Poemas interdictos*, *Memorial de la sangre*. Libros breves, de apenas unos centenares de versos. Y con todo eso, fueron bastantes a remover la literatura mexicana, y a crearle elementos que todavía la sostienen y la alimentan.

A partir de Maples Arce, la literatura se ha ido haciendo más libre, más sabia, más encaminada a la participación con lo verdaderamente humano. Aquel deseo suyo de hacer recordar a gritos, a sacudidas, a palos, si fuera preciso, a quienes veía durmiendo en su falta de espíritu y de visión del presente y el futuro, se realizó, pues, a fin de cuentas. Porque las letras nacionales se modificaron, encaminadas a más altas direcciones, y encarnadas en una expresión más directa y enérgica, más rigurosa y más clara, respondiendo a su llamado.

Y no obstante, así pueda parecer extraño, ni Maples Arce ni el Estridentismo han recibido todavía el alto lugar que en la historia y la crítica de nuestra literatura les corresponde por indudable justicia.

Acaso es porque todavía su revolución no es perdonada por quienes sienten que vino a destruir, cosa que toda revolución está destinada a hacer, situaciones y objetos que les parecen amables y buenos, aunque se avergüencen de reconocerlo. No pudiendo ya recurrir al amparo de sus prejuicios y sus gustos, los críticos, con respecto a Maples Arce, han preferido la cómoda actitud del silencio y el resentimiento.

Por fortuna, esa actitud comienza a verse también como ya vencida. La mejor prueba, esta edición que da hoy a la luz el Fondo de Cultura Económica, reiterando su uso de mantener al alcance del público la obra de nuestros más valiosos escritores.

Rubén Bonifaz Nuño

34

Andamios interiores

Poemas radiográficos

1922

Verdadero artista es el hombre que cree
absolutamente en sí, porque él es absolutamente él mismo.

OSCAR WILDE

A la que sacudió sobre mi vida una primavera de alas.

Prisma

Yo soy un punto muerto en medio de la hora,
equidistante al grito náufrago de una estrella.
Un parque de manubrio se engarrota en la sombra,
y la luna sin cuerda
me oprime en las vidrieras.
Margaritas de oro
deshojadas al viento.

La ciudad insurrecta de anuncios luminosos
flota en los almanaques,
y allá de tarde en tarde,
por la calle planchada se desangra un eléctrico.

El insomnio, lo mismo que una enredadera,

se abraza a los andamios sinoples del telégrafo,
y mientras que los ruidos descerrajan las puertas,
la noche ha enflaquecido lamiendo su recuerdo.

El silencio amarillo suena sobre mis ojos.
¡Prismal, diáfana mía, para sentirlo todo!

Yo departí sus manos,
pero en aquella hora
gris de las estaciones,
sus palabras mojadas se me echaron al cuello,
y una locomotora
sedienta de kilómetros la arrancó de mis brazos.

Hoy suenan sus palabras más heladas que nunca.
¡Y la locura de Edison a manos de la lluvia!

El cielo es un obstáculo para el hotel inverso
refractado en las lunas sombrías de los espejos;
los violines se suben como la champaña,
y mientras las ojeras sondean la madrugada,
el invierno huesoso tirita en los percheros.

Mis nervios se derraman.
     La estrella del recuerdo
naufraga en el agua
del silencio.
   Tú y yo
     coincidimos
     en la noche terrible,
meditación temática
deshojada en jardines.

Locomotoras, gritos,
arsenales, telégrafos.

El amor y la vida
son hoy sindicalistas,

y todo se dilata en círculos concéntricos.

FLORES ARITMÉTICAS

Esas rosas eléctricas...

Esas rosas eléctricas de los cafés con música
que estilizan sus noches con "poses" operísticas,
languidecen de muerte, como las semifusas,
en tanto que en la orquesta se encienden anilinas
y bosteza la sífilis entre "tubos de estufa".

Equivocando un salto de trampolín, las joyas
se confunden estrellas de catálogos Osram.
Y olvidado en el hombro de alguna Margarita,
deshojada por todos los poetas franceses,
me galvaniza una de estas pálidas "ísticas"
que desvelan de balde sus ojeras dramáticas,
y un recuerdo de otoño de hospital se me entibia.

Y entre sorbos de exóticos nombres fermentados,
el amor, que es un fácil juego de cubilete,
prende en una absurda figura literaria
el dibujo melódico de un vals incandescente.

El violín se accidenta en sollozos teatrales,
y se atraganta un pájaro los últimos compases.

Este techo se llueve.
La noche en el jardín
se da toques con pilas eléctricas de éter,
y la luna está al último grito de París.

En la sala ruidosa,
el mesero académico descorchaba las horas.

Todo en un plano oblicuo...

En tanto que la tisis —todo en un plano oblicuo—
paseante de automóvil y tedio triangular,
me electrizo en el vértice agudo de mí mismo.
Van cayendo las horas de un modo vertical.

Y simultaneizada bajo la sombra eclíptica
de aquel sombrero unánime,
se ladea una sonrisa,
mientras que la blancura en éxtasis de frasco
se envuelve en una llama d'Orsay de gasolina.

                    Me debrayo en un claro
                    de anuncio cinemático.

Y detrás de la lluvia que peinó los jardines
hay un hervor galante de encajes auditivos;
a aquel violín morado le operan la laringe
y una estrella reciente se desangra en suspiros.

Un incendio de aplausos consume las lunetas
de la clínica, y luego —¡oh anónima de siempre!—
desvistiendo sus laxas indolencias modernas,
reincide —flor de lucro— tras los impertinentes.

Pero todo esto es sólo
un efecto cinemático,
porque ahora, siguiendo el entierro de coches,
allá de tarde en tarde estornuda un voltaico
sobre las caras lívidas de los "players" románticos,
y florecen algunos aeroplanos de hidrógeno.

En la esquina, un "umpire" de tráfico, a su modo,
va midiendo los "outs", y en este amarillismo,
se promulga un sistema luminista de rótulos.

Por la calle verdosa hay brumas de suicidio.

A veces, con la tarde...

A veces, con la tarde luida de los bordes,
un fracaso de alas se barre en el jardín.
Y mientras que la vida esquina a los relojes,
se pierden por la acera los pasos de la noche.

Amarillismo
gris.

Mis ojos deletrean la ciudad algebraica
entre las subversiones de los escaparates;
detrás de los tranvías se explican las fachadas
y las alas del viento se rompen en los cables.

Siento íntegra toda la instalación estética
lateral a las calles alambradas de ruido,
que quiebran sobre el piano sus manos antisépticas,
y luego se recogen en un libro mullido.

39

A través del insomnio centrado en las ventanas
trepidan los andamios de una virginidad,
y al final de un acceso paroxista de lágrimas,
llamas de podredumbre suben del bulevar.

Y equivocadamente, mi corazón payaso,
se engolfa entre nocturnos encantos de a 2 pesos:
amor, mi vida, etc., y algún coche reumático
sueña con un voltaico que le asesina el sueño.

Sombra laboratorio. Las cosas bajo sobre.
Ventilador eléctrico, champagne + F. T.
Marinetti = a
                    Nocturno futurista
                    1912.
Y 200 estrellas de vicio a flor de noche
escupen pendejadas y besos de papel.

VOCES AMARILLAS

Y nada de hojas secas...

(La mañana romántica, como un ruido espumoso,
se derrama en la calle de este barrio incoloro
por donde a veces pasan repartiendo programas,
y es una clara música que se oye con los ojos
la palidez enferma de la súper-amada.)

(En tanto que un poeta,
colgado en la ventana,

se muere haciendo gárgaras
de plata
electrizada,
subido a los peldaños de una escala
cromática,
barnizo sus dolencias con vocablos azules,
y anclada en un letargo de cosas panorámicas,
su vida se evapora lo mismo que un perfume.)

—Mi tristeza de antes es la misma de hoy.
—Tú siempre con tus cosas.
                                    —¡Oh poeta, perdón!

(En el jardín morado
se rompe el equilibrio fragante de una flor.)

—Sol, blancura, etc., y nada de hojas secas.
—La vida es sólo un grito que se me cuelga al cuello
lo mismo que un adiós.
                          Hablemos de otra cosa,
te lo ruego.

                                    (Su voz
tiene dobleces románticos de felpa
que estuvo mucho tiempo guardada en naftalina,
y duerme en sus cansancios ingrávidos de enferma,
la elegancia de todas las cosas amarillas.)

(Y mientras la mañana, atónita de espejos,
estalla en el alféizar de la hora vulgar,
el dolor se derrama, lo mismo que un tintero,
sobre la partitura de su alma musical.)

En la dolencia estática...

(En la dolencia estática de este jardín mecánico,
el olor de las horas huele a convalecencia,
y el pentagrama eléctrico de todos los tejados
se muere en el alero del último almanaque.

Extasiada en maneras musicales de enferma
inmoviliza un sueño su vertical blancura,
en tanto que un obscuro violín de quinto piso
se deshoja a lo largo de un poema de Schumann,
y en todos los periódicos se ha suicidado un tísico.)
—Hoy pasan los entierros
lo mismo que en otoño.
                    —Ese tema no es tema
de primavera.

(En el jardín hay cinco centavos de silencio)

—Quiero un poco de sol azucarado.
—Tú pides imposibles.
                    —Mira mis manos mustias,
mis dedos casi yertos...
(Mientras medito un lento compás de 3×4)

—¡Oh virgen supertónica!
                    —Soy sólo una quimera,
se dijo murmurando.
(Y en esta tarde lírica
                    85-74, señorita...
la primavera pasa en motocicleta,
y al oro moribundo, historiada de cintas,
lo mismo que un refajo se seca mi tristeza.)

Por las horas de cuento...

Por las horas de cuento de estos parques sin rosas,
ambulan, un diptongo de ensueño, nuestras sombras.

Y en tanto que algún piano fantástico, desvela
los bemoles románticos de un estudio sin luna,
sus ojos se adormecen en un cansancio felpa,
como si estuviera muriendo de blancura.

(Y después, quedamente:)
                              —¿Amor, oyes las hojas?
—¡Si no es eso!
                —¿Entonces?
                              —Tal vez es una enferma
que llora con Beethoven...

(Y seguimos del brazo nuestro obscuro diptongo,
por los parques afónicos,
lacrimeantes de oro...)

—¡Me quisiera morir!
                        —¡No digas esas cosas
que me hacen tanto mal!
                        —¡Si la vida es tan triste!
—Pero no pienses eso.
                        —¡Si la vida es tan triste!
—Me duele el corazón cuando tú estás así.
Doblaremos la hoja.
                        (Y sobre el mismo tema,
su voz, casi ojerosa:)
                        —¡Me quisiera morir!
¡Me quisiera morir!

(Y en el cloroformado cansancio de la sombra,
nuestras 2 vidas juntas, por el parque sin rosas,
se pierden en la noche romántica de otoño
ambulando en silencio la teoría de un diptongo.)

PERFUMES APAGADOS

Al margen de la lluvia...

Al margen de la lluvia en los cafés insomnes,
los perfiles se duermen en las láminas sordas.
Y es ahora que todo coincide en los relojes:
mi corazón nostálgico ardiéndose en la sombra.

Después de los vulgares asombros del periódico
en que sólo se oye el humo de las pipas,
florecen a intervalos las actitudes lívidas
retropróximamente de los paraguas cónicos.

Deduzco de la lluvia que esto es definitivo.
¿Quién está en el manubrio? Hay un corto circuito.

La trama es complicado siniestro de oficina,
y algunas señoritas,
literalmente teóricas,
se han vuelto perifrásticas, ahora en re bemol,
con abandonos táctiles sobre el papel de lija.

Explotan las estrellas
eléctricas en flor.
Pero más que todo esto, en el sintaxicidio

de unos cuantos renglones desgarrados de adioses:
¡oh su carne amarilla!
¡mis dedos retroactivos!
                    (en el piano automático
                    se va haciendo de noche.)

Y en el mismo declive del interior romántico,
me interrumpo en un faro de automóvil, en tanto,

—bohemios romboidales— mi corazón se llueve;
la tarde en las vidrieras traquetea como un tren,
y mi dolor naufraga, definitivamente,
en la literatura de todos los "ayer".

Tras los adioses últimos...

Tardes alcanforadas en vidrieras de enfermo,
tras los adioses últimos de las locomotoras,
y en las palpitaciones cardíacas del pañuelo
hay un desgarramiento de frases espasmódicas.

El ascensor eléctrico y un piano intermitente
complican el sistema de la casa de "apartments",
y en el grito morado de los últimos trenes
intuyo la distancia.

A espaldas de la ausencia se demuda el telégrafo.
Despachos emotivos desangran mi interior.

Sugerencia, L-10 y recortes de periódicos;
¡oh dolorosa mía,
tú estás lejos de todo,
y estas horas que caen amarillean la vida!

45

En el fru-fru inalámbrico del vestido automático
que enreda por la casa su pauta seccional,
incido sobre un éxtasis de sol a las vidrieras,
y la ciudad es una ferretería espectral.

Las canciones domésticas
de codos a la calle.

(¡Ella era un desmayo de prestigios supremos
y dolencias católicas de perfumes envueltos
a través de mis dedos!)

Accidente de lágrimas. Locomotoras últimas
renegridas a fuerza de gritarnos adiós,
y ella en 3 latitudes, ácida de blancura,
derramada en silencio sobre mi corazón.

Como una gotera...

Como una gotera de cristal, su recuerdo,
agujera el silencio
de mis días amarillos.

Tramitamos palabras
por sellos de correo,
y la vida automática
se asolea en los andamios de un vulgar rotativo.

Las canciones florecen
a través de la lluvia,
en la tarde vacía, sin teclado y sin lágrimas.

Los tranvías se llevaron las calles cinemáticas
empapeladas de ventanas.

Mis besos apretados
florecían en su carne.

Aquel adiós, el último,
fue un grito sin salida.

La ciudad paroxista
nos llegaba hasta el cuello,
y un final de kilómetros subrayó sus congojas.

¡Oh el camino de hierro!
                    Un incendio de alas
                    a través del telégrafo.
                    Trágicas chimeneas
                    agujeran el cielo.
                    ¡Y el humo de las fábricas!

(Así, todo, de lejos, se me dice como algo
imposible que nunca he tenido en las manos.)

Un piano tangencial se acomoda en la sombra
del jardín inconcreto; los interiores todos
se exponen a la lluvia —selecciones de ópera—.
En las esquinas nórdicas hay manifiestos rojos.

Vrbe

Súper-poema bolchevique
en 5 cantos

1924

A los obreros de México

I

He aquí mi poema
brutal
y multánime
a la nueva ciudad.

        Oh ciudad toda tensa
        de cables y de esfuerzos,
        sonora toda
        de motores y de alas.

        Explosión simultánea
        de las nuevas teorías,
        un poco más allá

En el plano espacial

        de Whitman y de Turner
        y un poco más acá
        de Maples Arce.

Los pulmones de Rusia
soplan hacia nosotros
el viento de la revolución social.
Los asalta-braguetas literarios
nada comprenderán
de esta nueva belleza
sudorosa del siglo,

        y las lunas
        maduras
        que cayeron,
        son esta podredumbre
        que nos llega
        de las atarjeas intelectuales.

He aquí mi poema:
        ¡Oh ciudad fuerte
        y múltiple,
        hecha toda de hierro y de acero!

Los muelles. Las dársenas.
Las grúas.
        Y la fiebre sexual
        de las fábricas.
        Vrbe:

        Escoltas de tranvías
        que recorren las calles subversistas.
        Los escaparates asaltan las aceras,
        y el sol, saquea las avenidas.
        Al margen de los días
        tarifados de postes telefónicos
        desfilan paisajes momentáneos
        por sistemas de tubos ascensores.

Súbitamente,
¡oh el fogonazo
verde de sus ojos!

49

Bajo las persianas ingenuas de la hora
pasan los batallones rojos.
El romanticismo caníbal de la música yankee
ha ido haciendo sus nidos en los mástiles.
¡Oh ciudad internacional!
¿Hacia qué remoto meridiano
cortó aquel trasatlántico?
Yo siento que se aleja todo.
Los crepúsculos ajados
flotan entre la mampostería del panorama.
Trenes espectrales que van
hacia allá
lejos, jadeantes de civilizaciones.

    La multitud desencajada
    chapotea musicalmente en las calles.

Y ahora, los burgueses ladrones, se echarán a temblar
por los caudales
que robaron al pueblo,
pero alguien ocultó bajo sus sueños
el pentagrama espiritual del explosivo.

He aquí mi poema:
Gallardetes de hurras al viento,
cabelleras incendiadas
y mañanas cautivas en los ojos.

    ¡Oh ciudad
    musical
    hecha toda de ritmos mecánicos!

Mañana, quizás,
sólo la lumbre viva de mis versos
alumbrará los horizontes humillados.

Esta nueva profundidad del panorama
es una proyección hacia los espejismos interiores.

La muchedumbre sonora
hoy rebasa las plazas comunales
y los hurras triunfales
del obregonismo
reverberan al sol de las fachadas.

¡Oh muchacha romántica
flamarazo de oro!

Tal vez entre mis manos
sólo quedaron los momentos vivos.
Los paisajes vestidos de amarillo
se durmieron detrás de los cristales,
y la ciudad, arrebatada,
se ha quedado temblando en los cordajes.
Los aplausos son aquella muralla.

—¡Dios mío!
—No temas, es la ola romántica de las multitudes.
Después, sobre los desbordes del silencio,
la noche tarahumara irá creciendo.
Apaga tus vidrieras.
Entre la maquinaria del insomnio,
la lujuria, son millones de ojos
que se untan en la carne.

Un pájaro de acero
ha emprorado su norte hacia una estrella.
El puerto:

lejanías incendiadas,

el humo de las fábricas.
Sobre los tendederos de la música
se asolea su recuerdo.
Un adiós trasatlántico saltó desde la borda.

Los motores cantan
sobre el panorama muerto.

III

La tarde, acribillada de ventanas,
flota sobre los hilos del teléfono,
y entre los atravesaños
inversos de la hora
se cuelgan los adioses de las máquinas.

Su juventud maravillosa
estalló una mañana
entre mis dedos,
y en el agua vacía
de los espejos,
naufragaron los rostros olvidados.

¡Oh la pobre ciudad sindicalista
andamiada
de hurras y de gritos!

Los obreros
son rojos
y amarillos.

Hay un florecimiento de pistolas
después del trampolín de los discursos,

y mientras los pulmones
del viento
se supuran,
perdida en los obscuros pasillos de la música
alguna novia blanca
se deshoja.

IV

Entre los matorrales del silencio
la obscuridad lame la sangre del crepúsculo.
Las estrellas caídas,
son pájaros muertos
en el agua sin sueño
del espejo.

Y las artillerías
sonoras del Atlántico
se apagaron,
al fin,
en la distancia.

Sobre la arboladura del otoño,
sopla un viento nocturno:
es el viento de Rusia,
de las grandes tragedias,

y el jardín,
amarillo,
se va a pique en la sombra.
Súbito, su recuerdo,
chisporrotea en los interiores apagados.

Sus palabras de oro
criban en mi memoria.

Los ríos de blusas azules
desbordan las esclusas de las fábricas,
y los árboles agitadores
manotean sus discursos en la acera.
Los huelguistas se arrojan
pedradas y denuestos,
y la vida, es una tumultuosa
conversión hacia la izquierda.

Al margen de la almohada,
la noche, es un despeñadero;
y el insomnio,
se ha quedado escarbando en mi cerebro.

¿De quién son esas voces
que sobrenadan en la sombra?

Y estos trenes que aúllan
hacia los horizontes devastados.

Los soldados
dormirán esta noche en el infierno.

¡Dios mío!
Y de todo este desastre,
sólo unos cuantos pedazos
blancos
de su recuerdo,
se me han quedado entre las manos.

V

Las hordas salvajes de la noche
se echaron sobre la ciudad amedrentada.

La bahía,
florecida
de mástiles y lunas,
se derrama
sobre la partitura
ingenua de sus manos,
y el grito lejano
de un vapor,
hacia los mares nórdicos.

¡Adiós
al continente naufragado!

Entre los hilos de su nombre
se quedaron las plumas de los pájaros.

Pobre Celia María Dolores;
el panorama está dentro de nosotros.
Bajo los hachazos del silencio
las arquitecturas de hierro se devastan.
Hay oleadas de sangre y nubarrones de odio.

Desolación.

Los discursos marihuanos
de los diputados
salpicaron de mierda su recuerdo,
pero,
sobre las multitudes de mi alma
se ha despeñado su ternura.

Ocotlán
allá lejos.

Voces.

Los impactos picotean sobre
las trincheras.

La lujuria apedreó toda la noche
los balcones a obscuras de una virginidad.

La metralla
hace saltar pedazos del silencio.

Las calles
sonoras y desiertas,
son ríos de sombra
que van a dar al mar,
y el cielo, deshilachado,
es la nueva
bandera
que flamea
sobre la ciudad.

Poemas interdictos

1927

El estremecimiento es la parte mejor de la humanidad.

GOETHE

POEMAS INTERDICTOS

Canción desde un aeroplano

Estoy a la intemperie
de todas las estéticas;
operador siniestro
de los grandes sistemas,
tengo las manos
llenas
de azules continentes.

Aquí, desde esta borda,
esperaré la caída de las hojas.
La aviación
anticipa sus despojos,
y un puñado de pájaros
defiende su memoria.

Canción
florecida

de las rosas aéreas,
propulsión
entusiasta
de las hélices nuevas,
metáfora inefable despejada de alas.

Cantar.

Cantar.

Todo es desde arriba
equilibrado y superior,
y la vida
es el aplauso que resuena
en el hondo latido del avión.

Súbitamente
el corazón
voltea los panoramas inminentes;
todas las calles salen hacia la soledad de los horarios;
subversión
de las perspectivas evidentes;
looping the loop
en el trampolín romántico del cielo,
ejercicio moderno
en el ambiente ingenuo del poema;
la Naturaleza subiendo
el color del firmamento.

Al llegar te entregaré este viaje de sorpresas,
equilibrio perfecto de mi vuelo astronómico;
tú estarás esperándome en el manicomio de la tarde,
así, desvanecida de distancias,
acaso lloras sobre la palabra otoño.

Ciudades del norte
de la América nuestra,
tuya y mía;

New-York,
Chicago,
Baltimore.

Reglamenta el gobierno los colores del día,
puertos tropicales
del Atlántico,
azules litorales
del jardín oceanográfico,
donde se hacen señales
los vapores mercantes;
palmeras emigrantes,
río caníbal de la moda,
primavera, siempre tú, tan esbelta de flores.

País donde los pájaros hicieron sus columpios.
Hojeando tu perfume se marchitan las cosas,
y tú lejanamente sonríes y destellas,
¡oh novia electoral, carroussel de miradas!
lanzaré la candidatura de tu amor
hoy que todo se apoya en tu garganta,
la orquesta del viento y los colores desnudos.
Algo está aconteciendo allá en el corazón.

Las estaciones girando
mientras capitalizo tu nostalgia,
y todo equivocado de sueños y de imágenes;
la victoria alumbra mis sentidos
y laten los signos del zodíaco.

Soledad apretada contra el pecho infinito.
De este lado del tiempo,
sostengo el pulso de mi canto;
tu recuerdo se agranda como un remordimiento,
y el paisaje entreabierto se me cae de las manos.

T. S. H.

Sobre el despeñadero nocturno del silencio
las estrellas arrojan sus programas,
y en el audión inverso del ensueño,
se pierden las palabras
olvidadas.

> T. S. H.
> de los pasos
> hundidos
> en la sombra
> vacía de los jardines.

El reloj
de la luna mercurial
ha ladrado la hora a los cuatro horizontes.

> La soledad
> es un balcón
> abierto hacia la noche.

¿En dónde estará el nido
de esta canción mecánica?
Las antenas insomnes del recuerdo
recogen los mensajes
inalámbricos
de algún adiós deshilachado.

> Mujeres naufragadas
que equivocaron las direcciones
trasatlánticas;
y las voces
de auxilio
como flores

estallan en los hilos
de los pentagramas
internacionales.

El corazón
me ahoga en la distancia.

Ahora es el "Jazz-Band"
de Nueva York;
son los puertos sincrónicos
florecidos de vicio
y la propulsión de los motores.

Manicomio de Hertz, de Marconi, de Edison!

El cerebro fonético baraja
la perspectiva accidental
de los idiomas.
Hallo!

Una estrella de oro
ha caído en el mar.

Primavera

El jardín alusivo se envaguece de esperas
y el corazón despierta a las últimas cosas.

Un soplo de radiolas
avienta hacia nosotros
sus rumores de vidrio.

Los poetas comentan la renuncia del día.

Las calles vagabundas regresan del exilio.

Una tenue esperanza me llevó a sus caricias;
su imagen repentina me estremece en lo hondo;
anida su blancura en la tarde latente,
y mientras que desciñe su busto de suspiros
los árboles alumbran nuestro secreto cósmico.

La ausencia es el perfume que me deja en el pecho.
La pierdo en la espesura
de la vida moderna,
y nuevamente vuelvo,
al campo de deportes con sus lunas auténticas.

Apuesto a su sonrisa en el juego de pókar,
lecturas de la música anegadas de lágrimas.

Cuando pongo en sus manos
el cheque de mi adiós,
los expresos sonámbulos
despiden nuestras sombras,
y el mareo de los puertos dentro del corazón.

(Solfea la primavera
sus lecciones.)

De pronto el desenlace obscuro de la célula.

Transaré con los pájaros su recuerdo sangrante.

80 H.P.

Pasan las avenidas del otoño
bajo los balcones marchitos de la música,

y el jardín es como un destello rojo
entre el aplauso burgués de las arquitecturas.

Esquinas flameadas de ponientes.

El automóvil sucinto
tiene a veces
ternuras
minerales.

Para la amiga interferente
entregada a las vueltas del peligro;

he aquí su sonrisa equilibrista,
sus cabellos boreales,
y sobre todo, el campo,
desparramado de caricias.

Países del quitasol

—espectáculo
exclusivo—

nuevo
mundo
latino
de sus ojos.

En el motor   ⎰ (El corazón apretado
hay la misma canción. ⎱ como un puño)

A veces pasan ráfagas, paisajes estrujados,

y por momentos
el camino es angosto como un sueño.

Entre sus dedos
se deshoja
la rosa
de los vientos.

Los árboles turistas
a intervalos
regresan con la tarde.
Se van
quedando

atrás
los arrabales
del recuerdo

—oh el alegre motín de su blancura!—

Tacubaya,   ⎰   Pequeños
San Ángel,   ⎱   alrededores de la música.
Mixcoac.

Después
sólo las praderas   del tiempo

Allá lejos
       ejércitos
          de la noche
             nos esperan.

Puerto

Llegaron nuestros pasos hasta la borda de la tarde;
el Atlántico canta debajo de los muelles,
y presiento un reflejo de mujeres
que sonríen al comercio
de los países nuevos.

El humo de los barcos
desmadeja el paisaje;
brumosa travesía
florecida de pipas,
¡oh rubia transeúnte de las zonas marítimas!
de pronto, eres la imagen
movible del acuario.

Hay un tráfico ardiente de avenidas
frente al hotel abanicado de palmeras.

Te asomas por la celosía
de las canciones
al puerto palpitante de motores
y los colores de la lejanía
me miran en tus tiernos ojos.

Entre las enredaderas venenosas
que enmarañan el sueño
recojo sus señales amorosas;
la dicha nos espera
en el alegre verano de sus besos;
la arrodilla el océano de caricias,
y el piano
es una hamaca en la alameda.

Se reúne la luna allá en los mástiles,
y un viento de ceniza
me arrebata su nombre;
la navegación agitada de pañuelos,
y los adioses surcan nuestros pechos,
y en la débil memoria de todos estos goces,
sólo los pétalos de su estremecimiento
perfuman las orillas de la noche.

Revolución

El viento es el apóstol de esta hora interdicta.
Oh épocas marchitas
que sacudieron sus últimos otoños!
Barrunta su recuerdo los horizontes próximos
desahuciados de pájaros,
y las corolas deshojan su teclado.

Sopla el viento absoluto contra la materia
cósmica; la música
es la propaganda que flota en los balcones,
y el paisaje despunta
en las veletas.

Viento, dictadura
de hierro
que estremece las confederaciones!
Oh las muchedumbres
azules
y sonoras, que suben
hasta los corazones!

La tarde es un motín sangriento
en los suburbios;
árboles harapientos
que piden limosna en las ventanas;
las fábricas se abrasan
en el incendio del crepúsculo,
y en el cielo brillante
los aviones
ejecutan maniobras vesperales.

Banderas clamorosas

repetirán su arenga proletaria
frente a las ciudades.

En el mitin romántico de la partida,
donde todos lloramos
hoy recojo la espera de su cita;
la estación
despedazada se queda entre sus manos,
y su desmayo
es el alto momento del adiós.
Beso la fotografía de su memoria
y el tren despavorido se aleja entre la sombra,
mientras deshojo los caminos nuevos.

Pronto llegaremos a la cordillera.
Oh tierna geografía
de nuestro México,
sus paisajes aviónicos,
alturas inefables de la economía
política; el humo de las factorías
perdidas en la niebla
del tiempo,
y los rumores eclécticos
de los levantamientos.
Noche adentro
los soldados,
se arrancaron
del pecho
las canciones populares.

La artillería
enemiga, nos espía
en las márgenes de la Naturaleza;
los ruidos subterráneos
pueblan nuestro sobresalto
y se derrumba el panorama.

Trenes militares
que van hacia los cuatro puntos cardinales,

al bautizo de sangre
donde todo es confusión,
y los hombres borrachos
juegan a los naipes
y a los sacrificios humanos;
trenes sonoros y marciales
donde hicimos cantando la Revolución.

Nunca como ahora me he sentido tan cerca de la muerte.
Pasamos la velada junto a la lumbre intacta del recuerdo,
pero llegan los otros de improviso
apagando el concepto de las cosas,
las imágenes tiernas al borde del horóscopo.

Allá lejos,
mujeres preñadas
se han quedado rogando
por nosotros
a los Cristos de Piedra.

Después de la matanza
otra vez el viento
espanta
la hojarasca de los sueños.

Sacudo el alba de mis versos
sobre los corazones enemigos,
y el tacto helado de los siglos
me acaricia en la frente,
mientras que la angustia del silencio
corre por las entrañas de los nombres queridos.

POEMAS DE LA LEJANÍA

Partida

Yo soy una estación sentimental
y los adioses pitan como trenes.
Es inútil llorar.

En los contornos del crepúsculo,
ventanas encendidas
hacia los rumbos
nuevos.

Palpita
todavía
    la alondra
        vesperal
           de su pañuelo.

Ruta

A bordo del expreso
volamos sobre la irrealidad del continente.

La tarde apagada en los espejos,
y los adioses sangran en mi mente.

El corazón nostálgico presiente
a lo largo de este viaje,
literaturas vagabundas

que sacudieron las plumas
de sus alas,
en los fríos corredores del paisaje.

Van pasando las campiñas sonámbulas
mientras el tren se aleja entre los túneles del sueño.

Allá de tarde en tarde,
ciudades
apedreadas de gritos y adioses.

Ríos de adormideras
que vienen del fondo de los años,
pasan interminablemente,
bajo los puentes,
que afirmaron
su salto metálico
sobre las vertientes.

Después, montañas, silenciosos ejércitos
aúllan a la muerte.

Entre las rendijas de la noche
me atormenta el insomnio de una estrella.
Trenes que marchan siempre hacia la ausencia,
un día,
sin saberlo,
nos cruzaremos
en la geografía.

Paroxismo

Camino de otros sueños salimos con la tarde;
una extraña aventura

nos deshojó en la dicha de la carne,
y el corazón fluctúa
entre ella y la desolación del viaje.

En la aglomeración de los andenes
rompieron de pronto los sollozos;
después, toda la noche
debajo de mis sueños,
escucho sus lamentos
y sus ruegos.

El tren es una ráfaga de hierro
que azota el panorama y lo conmueve todo.

Apuro su recuerdo
hasta el fondo
del éxtasis,
y laten en el pecho
los colores lejanos de sus ojos.

Hoy pasaremos junto del otoño
y estarán amarillas las praderas.

¡Me estremezco por ella!
¡Horizontes deshabitados de la ausencia!

Mañana estará todo
nublado de sus lágrimas,
y la vida que llega
es débil como un soplo.

Evocación

Al final de este viaje
he inclinado mis sueños
sobre la barandilla de su nombre.

El agua turbia de la sombra
ha metido la noche
hasta los corazones.

—Muchedumbres inmóviles
están asediando el horizonte.—

He apretado su imagen
contra mi desconsuelo,
y la luna, apoyada en los cristales,
es el frío
deshielo
de su frente.

Un perfume imprevisto
la enciende en mi memoria;
tiene el "filing" latino
su actitud de dulzura.
Oh su carne platónica,
inocente
geometría que descansa en su seno!

La sonrisa es la flor del equilibrio orgánico,
y el campo
la estremece,
bajo mi abrazo
panorámico.

Pero a pesar de todo,
el otoño
inquilino
regó de hojas secas su recuerdo.

Oh mi novia lejana,
humareda romántica
de los primeros versos.

Saudade

Estoy solo en el último tramo de la ausencia,
y el dolor, hace horizonte en mi demencia.

Allá lejos,
el panorama maldito.

¡Yo abandoné la Confederación sonora de su carne!
Sobre todo su voz,
hecha pedazos
entre los tubos
de la música!

En el jardín interdicto
                —azoro unánime—
el auditorio congelado de la luna.

Su recuerdo es sólo una resonancia
entre la arquitectura del insomnio.

¡Dios mío,
tengo las manos llenas de sangre!

Y los aviones,
pájaros de estos climas estéticos,
no escribirán su nombre
en el agua del cielo.

Memorial de la sangre

1947

A Blanche

Memorial de la sangre

En la desierta obscuridad en donde brota la sangre,
la noche de la angustia rompe
la forma maternal que un gemido desflora:
misterio ensangrentado de tu cuerpo,
primer deslumbramiento, lo azulinismimado.
¡Oh lúcida experiencia!

Como un sueño arraigado
en la luz vegetal, que se extiende en la tarde
yo soy el pensamiento de un ausente
a orillas de un estío rumoroso de árboles,
la pura desnudez de la memoria abierta
al jardín inmortal de los amantes,
¡un grito que se eleva sobre el pedestal de la tarde!

Tú no estabas anunciado en los libros,
ni en los calendarios de piedra,
pero yo te presentía
en la fuente original que se derrama en el pecho.
Los ríos ancestrales del tumulto
conducen hasta ti, parecido al silencio
golpeado de mi pulso:

tú eres la promesa eterna de la sangre.
Cuando oprimiendo el pecho por donde cruzan las pasiones
sólo tenga el gesto indefenso del silencio,
cuando la tierra en mí se haya callado
y despierte la luz en otros ojos,
cuando un tacto de metal me arranque
la voz, y sólo sea
un sollozo de piedra reprimido
o una fecha de pájaros,
¡que sea mi voluntad este deseo que crece!

Más allá de nuestro amor —transpuesto océano—,
un país de ardientes jeroglíficos te espera.
Ante ti su esplendor de piedras descifradas.
La estrofa secular de las pirámides
te arranca un grito ensangrentado
de belleza.

El pueblo persuadido de símbolos atlánticos
profiere la unidad cerrada de los puños.
Tú ves el trabajo humano
y la repartición de tierras.
¡Ah el día geométrico de las altiplanicies
y la gran primavera inaccesible de los lagos!

Escucha, fuerza creadora,
el grito de distancias que afluye hasta mis labios;
la naturaleza despierta sorprendida en tu rostro,
que surge desde el fondo pálido del agua.

Mis ríos, mis cataratas, mis rumores de bosques,
todo lo que me sonoriza y me afirma,
un día, invisible,
revivirá en la voz de mi regreso.
Por eso canto lo real, el fuego
fértil que devora la ausencia,

la evidencia de existir contra los ídolos,
la libertad terrestre de los sexos.

Tú llegas en la hora
en que una tempestad de acero
sopla sobre lejanas poblaciones,
y otros van a confundirse
en un abrazo sangriento de naciones.
¡Oh! tú, hecho de mi sangre y de mi fuerza,
tú de forma mortal, tú que no rezas,
absoluta presencia que sube de las profundidades.
Tú traes el germen
de la rebelión que desciende al mismo tiempo
que la energía secreta de las venas:
entrañable momento de las formas
o clamor encendido en el espacio vehemente.

Sopla un viento de arpas
que infunde al otoño sus más antiguos recuerdos,
y todo recomienza en el poder profundo de un latido.

¿Qué es lo que perdura del poema?
¡Ah! la esperanza obscura de la metamorfosis.
Un abismo de letras, un cuerpo de silencio.

España, 1936

Voici le temps des assassins.

RIMBAUD

La mañana resuena atacada en lo alto de motores,
espejos sepulcrales rompen sus imágenes

y despedazan las risas de los niños,
mientras la sombra golpeada de los árboles
cae inerte al fondo de las fosas.

Yo siento la agonía de los suplicios
y los llantos agrietan mi memoria.
¡Oh España negra de sangre y de sollozos!

Voy a la multitud en que el día me transforma;
tú estás aquí traspasada de hierro,
pero no veo tu rostro.
Sólo el grito palpable de tus venas.
Estás toda cubierta de heridas,
surcada de arrugas corrosivas,
la primavera de tu cuerpo se mezcla a los metales
y un furor de potencias te amenaza con su aliento enemigo.

Desconozco los sitios alterados de pájaros.
Los perfumes baleares dudan en mi recuerdo,
y la carne gimiente de azucenas oprimidas,
implora, retorcida de angustia, en los crueles arrodillamientos.
Yo he visto volar los buitres del escombro,
arrasar los hospitales y las maternidades,
marchitar la rosa escolar de las declinaciones
y aniquilar el pulso confiado de los hombres.

Los agentes del crimen excavan el silencio,
siembran agujeros de muerte y de humo en las ciudades,
introducen venenos amarillos en los párpados,
injurian con saliva de nitratos
el recuerdo de Goya y de Velázquez
y riegan de terrores el sueño de las muchedumbres.

¡Sangre, sangre de libertad mancha tus imágenes
y el sudor de la muerte envenena tus piedras!

De pronto, marca un paso de acero tu evidencia,
la voz reminiscente de sirena,
la mirada de fuego de las fábulas,
transformada de ira en la matanza,
luchas contra la bestia africana que aúlla ensangrentada
tras un bosque colérico de armas.

Un viento de barrotes duramente esculpido
sopla contra los pechos ampliados de fronteras.
Tu instinto inextinguible no quiere que sucumbas.
Se oye un clamor potente de horizontes vengativos,
y te levantas, en el gran día que comienza,
palpitante, deslumbrada del mundo,
con un escalofrío de cementerios.

Este día de pasión...

Este día de pasión a través de multitudes,
de hierro traspasadas las entrañas,
la fiebre de las manos deja escapar el grito
con que la libertad despide sus pájaros de octubre.

Este día de pasión en las plazas febriles
el corazón sacude sus sueños seculares
y oye que se desploma una muralla
de voces. La infamia militar estalla
y deja su marca lívida en las carnes del pueblo.

Este día de pasión y de acontecimientos,
abandonad el antro de los sueños,
dominad vuestra angustia de belleza
y no temáis la ira que deslumbra vuestros huesos.

79

Este día en que un orden de mármol se derrumba,
los hombres a quienes la jornada imprime
su martirio de hierro,
vienen desde la soledad nocturna de la hulla,
de los obscuros fondos del castigo,
de las callejuelas de la desgracia y del crimen,
de las praderas antiguas de la noche,
errantes, borrosos por las deportaciones,
sin edad y sin rostro,
por un tiempo cargado de huelgas
punzados por la miseria y por los clavos.

Este día de pasión y de lamentaciones,
mientras sangra todo pecho, toda carne, todo overol humano,
los niños extraviados lloran en los quicios de las puertas
y las mujeres de luto siguen los entierros
con los párpados enrojecidos por el olor de las farmacias.

Este día de eternidad y de derrumbes,
un espasmo de orgullo agita a los tiranos
y llena de estragos y de angustias
las ediciones sangrientas de la tarde.

¿Qué significa el misterio del hombre?
En este día de ejecuciones y sentencias
se forman torbellinos de basura en los barrios
y el pueblo se amotina en los mercados,
y las madres preguntan por sus hijos
y una sombra ecleswástica ensombrece las ciudades.

En este día de holocaustos
pasa un soplo fúnebre anunciando
sequías de la belleza, rebeliones de hambre.
En un solo día ¡cuántos pájaros
abatidos por el odio!
¡Cuántos cuerpos mutilados por las represalias!

Se oyen lamentos de dolor en un huerto.
El ojo de la fuerza nos asedia
entre las zarzas devastadas.
Cae un cuerpo pesado entre las hojas.
Ya el óxido de la guerra se extiende en las praderas
y el yodo del otoño mancha los cadáveres.

Con un solo pensamiento, en este día de violencia,
salimos al encuentro de la injuria,
a estrangular la garganta de los días obscuros
en las prisiones donde se pudre el olvido.

Este día de pasión en que las explosiones
despiertan el furor de las arterias
y martillea la cólera, anónima en la sangre,
sudamos resplandores de acero
en un silencio angustiado de cabellos.

¡Oh, tú resucitado a imagen de mi violencia,
memoria de lodo y sangre de las fundaciones
hasta donde mi planta posa el sufrimiento!
¡Oh, tú a quien creen sin defensa, extinguido,
pero que todavía respiras
y marchas de pie, sangrante, por los barrios fatídicos!
Hay una razón de suprema esperanza:
hablemos con los puños de la resolución extrema,
preparemos las armas nuevas en la fuerza del silencio.

Cántico de liberación

Hacia otras perdurables realidades despierto
buscando ardientemente tus promesas;

81

los frutos engañosos del sueño se corrompen
y en el fragoso corazón te siento:
brillante fuerza que doblegas selvas
y del alto silencio arrobamiento.
¿Quién eres tú que un palpitar dichoso
al evocar la juventud, trasciendes,
análoga de lirios en la sombra?
Tú mueres y renaces intacta de los éxtasis.

Por ti yergue la luz columnas de hermosura
y al blanco mármol
te confía desnuda,
pero tú no eres eso, ni tampoco la nube, ni la ola, ni el árbol.

El violento presagio que atormenta al poeta
rompe cárceles eternas de repente;
una llama sin labios resiste en las tinieblas
y un segundo mortal agólpase en las venas
tras el adiós agónico de los sexos supérstites.

Yo quiero detener tu tránsito de siglos
de la antigua memoria de los bosques
a las limpias claridades que en la frente reposan,
y aprisionar con todos los sentidos
tu apariencia, insinuada en los latidos
del otoño que llega por el campo
persiguiendo las potencias frutales
o en la contemplación purpúrea que obscurece la cólera.
Y contra certidumbre de bárbaros horrores,
vienes y enigmática, al instante, huyes,
dejándome un combate de atroces sujeciones.
Y en las horas radiantes en que mayo
cribado de esplendores,
en el alma penetra
y se diluye,
a través del mirífico fulgor de los follajes,

empedernidos ruiseñores
desalteran su sed de impaciente belleza.

La muerte abre su surco y deposita su germen negro.

Y cuando las estrellas y los ríos de la fiebre
y el vientre de las mujeres y el hacha de los verdugos
y el cielo y la existencia mutilada
despeñen mi silencio,
tú de futura vida,
estremecido, por la fuerza insonora de mi canto,
proclamarás la dura voluntad de mi estrofa,
y al soplo irresistible que del eterno mar te invoca,
volverá a florecer quemante y viva
la voz que aquí dejaron mis labios calcinados.

Me desborda un deseo de ignotas maravillas.
La turbadora brisa
el alma me satura de frescas pubescencias:
nostalgias de jardines esclarecen sus élitros,
y de la fiel semblanza superpuesta de pétalos
la obscuridad borra su imagen
y entre mis manos
queda sólo el tremor de un acto.

¿Eres tú el arcano latido de la sangre?
¿Un útil secreto que exalta y nos libera?
¿Sublime perfección de arduos imposibles
o el progreso ardiente que se eleva
en el hombre?
Al curso inteligible
del tiempo da mi nombre
demudada de ausencias y estupores silábicos.
Razones son de ti el peso de las maternidades,
palidez, sueños,
ceniza, adiós, bosque, mirada,
mar, viento, eternos elementos,

la irrupción de la música en la piedra,
la verdad misteriosa que en sus ojos avanza.

Mi destino es vivir volcanes de belleza.
Del seno impenetrable de la noche
nacerá la avidez incisiva de los pájaros.
¿Quién eres tú que a mí llegas
alcanzando,
por múltiples, transportes
de ala hasta mi frente
con un ruido de hierro,
como un vértigo cruento
entre las sombras adversas de la época?
Oigo, oigo el furor astral de tu presencia,
tus labios persuasivos como un canto de bronce.

Fundación del olvido

Desde el silencio azul del horizonte dicto
rumbos de soledad hacia lo incierto;
la memoria transcurre con tiempo favorable
y apenas si la brisa da señales de pájaros.

Resuena el mar con ecos forestales de espuma
—las olas desenrollan sus órdenes orales—
de pie en los corredores de fábricas marítimas
os presiento criaturas de lejanos umbrales.

A veces por pulsantes caminos de latidos
atravieso los ríos torrenciales del odio;
me detengo en ciudades de nostalgia y de estruendo
donde la fría imagen de la luna no llega.

Llamamientos urgentes me vuelven multitudes
y el trino del motor las fuentes suplantando.

¿Qué espanto de absoluto
brota de los anales de la piedra?
Potencias del silencio nos abisman
en el misterio de las metamorfosis.
Yo abro espacios de fuerza hacia la noche
donde se pierden las tribus del recuerdo
que persiguen los gritos famélicos del tiempo.

Con una voluntad de altiplanicies
que apaga la fiebre de los soles aborígenes
salto de las palabras a los puños del alba.
Las mañanas irrumpen con un grito de alas
entre las juventudes jubilosas del aire:
hermosura inmortal que me tiende los brazos
más allá de los bosques, del deseo, de las rejas.

A través de fronteras que diseña la sangre
mis sentidos descubren silentes claridades:
esfinges, simetrías, ofrendas, signos,
entretejidas viñas a la más pura gloria.
Me estremecen las formas apacibles del mármol
y vuelan de los párpados enigmas de las fábulas.

Mi corazón escucha, oh tardes laboriosas
de suspensos rumores,
al hombre que se enjuga el sudor religioso
mientras sueñan las vírgenes exultantes mensajes
y los altos otoños
en sus senos deshojan sus ramajes de oro.

Me acerco a la vida elemental de los sexos,
a la muerte de acero que irradia del trabajo;
mi rostro alucinado se pierde entre otros rostros,

extranjero, en un pueblo
que flagela la muerte.

Camino en las ciudades con una sed amarga
y me devora un fuego de blasfemias;
miro los esplendores del orden,
las estatuas ecuestres,
las cenizas votivas y los dientes
orificados de la fuerza.

Leyes de violencia dominan
las propiedades cómplices del día
y un viento fúnebre de escorias
que presagia los males de la ciencia
barre de estragos y dudas la memoria.

Leo proclamas del sol que nos prometen
las herencias del sueño, los tiempos luminosos
(demagogias de abril) oh bíblicas jóvenes
que os alejáis por los floridos viales.
Poblado el aire terso está de vuestro gozo.

Siento el hálito seductor de vuestros labios,
la libertad como un soplo entre las frondas.
Crecer, cambiar como la vida de la tierra,
pasar un tiempo de amor
y deslumbrantes trigos en silencio,
y despertar un día de la fluvial memoria
de los siglos, a la sombra
del árbol milenario,
—oh inefable delicia de los deltas—
confiado en la cálida pubertad de las rosas.

¡Que el olvido descienda por las linfas del sueño!
Ya la creación imprime sus dedos en mi frente
y alzan su voz ardiente

de otras razas sonoras las sirenas,
y recitan mi vida, mi fábula, mi ausencia!

Elegía mediterránea

De recuerdos impuros disipada en el tiempo
tu antigua armonía se ha derrumbado;
la luz vigila inmóvil sus ruinas de silencio
y el mar nos estremece con lejanos fragmentos
de homéricos rumores.

¡Oh, ternuras sangrientas que abrasan los ojos y la frente
y abren hondos sollozos en el pecho del hombre!
Diáfana sed de insaciable justicia.
Agrieta el sol las rocas de cristal y penetra
en los muros de hiedra y de sangre.
La claridad me roba toda sombra de signos.
¡Oh, belleza nimbada como un sueño,
delicia sin palabras, bañada por los golfos!

Su cuerpo dejó impreso en la ausencia
el olor sin memoria de las cosas extintas,
marmóreas formas que ignoran la caricia
una ráfaga de siglos destruyó su mirada
y del milagro, ciega,
la arcaica primavera con su exangüe sonrisa,
a iluminar su rostro de embriagada ausencia, llega,
y así esperas el día de gloria de los dioses.

¡Qué lejos de tu éxtasis, Helena,
cuando la cólera inefable agitaba a los hombres,
y esparcías el delirio cruel en los corazones!
Tu soledad desfallecida es la única prueba de otras épocas.

Hoy todavía la paz que te circunda alteras
y remueves la tierra de zozobras mortales,
un cráter se presiente tras barrotes de odio
y la memoria acaba su agonía,
aquí, donde cesa de respirar el silencio.
Oh! días corrompidos de miseria y de lodo,
que excavó de horror la tiranía;
contra el alma conspiran augurios de tristeza.
Sólo cumbres fatales
de la antigua belleza
me retienen.

De su abrupto recuerdo el fuego crepitante,
la culpable cabellera ondea
al pie de la violencia,
las bestias fabulosas husmean en su garganta de nieve
el olor sofocante que invade sus caminos
y el esplendor amortiguado de su sexo duerme
entre los pliegues profundos de la muerte.

Oh, Mar Mediterráneo que arrullaste las épocas de oro,
mar de viajes ardientes y cadencia eterna,
espuma entre columnas, discípulas del tiempo,
tu razón de diamante purifica mis sueños!

Si la toca el repentino hielo de los siglos
la sangre sin color suspende su latido,
forma pura, el milagro visible arde en mis ojos;
reconozco su espíritu lejano
que surge incorruptible de los años.
¿Para qué revivir la luz de los sentidos?
Vivo sólo del brillo de tu ausencia,
y la llaga que me abre un ruiseñor efímero
me impide ver la flora del sueño en sus entrañas,
y cantar es esta fuerza mortal que me destroza.

Duerme, duerme, aparente de rosas,
como un cálido río de caricias,
que yo sienta correr bajo tu pulso
la verdadera vida.
El sol, los árboles, el cielo,
claridades primeras de tu mente,
firmamento de márgenes y mármoles las fuentes.
El estío fecunda tu presencia
oculta entre jardines y mágicos crepúsculos
mientras se enfría el amarillo de las viñas,
y me arranco del pecho despoblado de pájaros
arroyos tumultuosos de rumores obscuros.

Tú reflejas los deseos, los sueños
contagiosos. En tus ojos eternos nada cambia:
tu evidencia carnal es igual a mi nostalgia
cuando pasó ya la tempestad, la metralla, el espasmo.

Mi dolor se concentra en tu azul abismo
y tu misma sospecha de acero es mi tormento.
¿Quién volverá a verte deslumbrada de siglos?
Oh! cuerpo incorpóreo sin mirada y sin eco,
soplo espantoso que propagas las fiebres inmortales
y levantas del polvo la multitud del olvido!

Elegía paterna

Por los tránsitos mortales de la sangre, llego,
padre de tierra.
El capricho de un trino
colma el claro sosiego.
¿En dónde están las sombras familiares?

¿Dónde las voces seculares
que el dolor soterra?
Un soplo repentino
la flor de vuestro esfuerzo aterra
y las horas no lucen ya su brillo divino.

La luz bate sus alas en las logias de estío
y a los esquivos senos se retira.
La tierra, el aire, el mar bravío
insinúan una virtud gentil.
Es una vid la sangre en que se mira
mi sueño florecido. Un deseo vago suspira
por las cimas de abril.

Gira el tiempo en su pura geometría
y en el ayer perfecto nos reposa:
El mar trémulamente
como un romance antiguo entre el pinar se oía.
Siento aún la mordente maravilla
y yo apoyado en la viril mejilla
buscando por la sombra ardiente
el carro de la Osa.

Los años más hermosos pasan en vana espera
desdeñando en soledad señera
los vientos del favor;
en el pecho socaba su nostalgia la onda
mientras el mar marmóreo corre entre la fronda
con el mismo furor.

De dudas y deseos entretejida
contemplé en los desnudos
ramajes del invierno
la claridad de vuestra vida
declinar.

¿Por qué impetuosos cauces de misterio eterno
serpea la sangre y rompe sus terribles nudos?
Me esclaviza la fuerza de ese obscuro anhelar.

Se extingue lentamente
la memoria de un día antiguo y fuerte
que borra al duro afán mortales huellas.
En su rostro se ha helado la verdad de la muerte;
ninguna nube cruza por su pálida frente,
la voz yerta y silente
la semblanza alta de estrellas.

¡Oh signos argentados! ¡oh mágicos tributos!
un tardo rayo alumbra la artera
gracia que os evoca, espíritu que elevas
los gloriosos frutos
sobre el poder tranquilo de las glebas.

Como en áspera cumbre
la altiva primavera
brota y esplende
de su triste veste
una fúnebre llama mi dolor enciende.

¡Oh frágiles criaturas! ¡Oh padres de ceniza!
Un abrazo glacial en polvo os eterniza
y ante el sueño desierto que duerme la creación
la viva soledad de vuestra ausencia siento
mientras un viento
incierto
como de mar y huerto
turba mi expectación.

Mis obscuros ausentes,
dormid en vuestra orilla,
al pie de los baluartes que escande el oleaje.

El incólume azul del mediodía
en mí clava sus garras relucientes
y arde el suplicio estéril de la arcilla.
Sobre reliquias rotas
que devastó el ultraje
del tiempo, cedro y palma
cernidos de gaviotas
—epigrafía
blanca y fugaz—
el silencio perlúcido se astilla
y con su grito
entra en el alma
el infinito
de la marina paz.

LA MEMORIA Y EL VIENTO

Metamorfosis

Sólo tú 'de rumores advertida
en la luz ya desnuda de problemas;
la autoridad del ruiseñor desvanecida
¡puerto libre la estrofa de pañuelos!

Mas el pétalo fijo te delata,
si fingido, girando hacia la ausencia
en espiral recuerdo de su imagen,
fulgor de la definición que expira.

Y eres al fin, espectro de la rosa,
mi texto de belleza en las rodillas,
delirante confín de nuestro éxtasis.

Plenitud

Certifico el color de la mañana
bajo el pulso incesante de la duda.
¡Oh redondez de mi deseo sin nube,
la caricia te vuelve certidumbre!

Sus cabellos de brisa entre los pájaros
y es ya mediodía de su presencia.

La claridad pensada de su sexo
despertando de un sueño sin memoria.
De su carne de ausencia sólo el eco:
la mejilla de mármol contra el viento.

Cita

De palpitantes términos la espera,
me llama la sirena de labios fonogénicos.
¡Que perezca la Horda y la Academia!
Mi memoria de ráfaga hacia ella.

Sonoriza el expreso aún nuestra ausencia
en la mañana diáfana del pecho.
Su voz, reproducida en el comercio,
transpuesta —de la muerte—, ilesa.

Un segundo de pájaros la empaña,
mas vuelve en sí desde el mortal comienzo.
Oh soledad frutal de su promesa
—dono amoroso del estío desierto—
mis sentidos sin brizna de horizonte.

Venus prospecto

Una brisa de hélices publica
su aparición transfílmica en la tarde.
Los expresos sinfónicos transportan sus sonrisas,
y su voz reverbera blanca de abecedarios.

Un silbato lejano da idea de sus cabellos,
y transmiten sus señas veloces, los periódicos.
Suben, bajan de precio las reglas del desnudo
y saludan los pájaros sus ofertas risueñas.

Telegramas ingenuos, sin raíces de imprenta,
la aproximan; convergen hacia ella
los recuerdos, las hélices, los rieles.
Por declives de pájaros desciende,
escaleras de sueño la sorprenden,
y habla sola, de noche, con palabras de vértigo
verbigrafisilovelosilísticamente
en los eclipses rítmicos de la General Electric.

Mas duerme, al fin, detenida,
de su salto de tránsito,
a la prisa,
toda trémula de vida,
sin memoria del *Louvre* entre mis brazos.

Oceánida

El azul colonial de los prospectos
despierta bruscamente mis instintos de imprenta;
un grito de horizontes la refugia en mis brazos
mientras la tarde vuela de la palabra "Spolding".

Las olas recomienzan su cortejo sonoro
y una sombra de barco desliza su respuesta;
queda el viento supuesto por letras de veleta
y su adiós es el tránsito a un enigma silábico.

Un tic de golondrina desnuda mis sentidos,
—meridiano de mástiles sin errores de sombra—,
el océano confunde su vaivén en mi pecho
y remueve mi obscura inmensidad de masas.

Su pañuelo persigue mi memoria geográfica
sobre la soledad celeste de los mapas.
Duerme un rumor de márgenes marinas,
vuelve su recuerdo de contornos sonoros
y mi silencio afronta su presencia de espuma.

Verbo

La palabra principia su rumor de Universo.
No hay indicio siquiera de fractura en el aire.
La letra estereoscópica que corre por mis venas
acumula en silencio sus promesas de idioma.

Los deportes agrupan su alfabeto de hurras
y las sirenas cantan sus barcos al oído;
sonoriza septiembre la trasmisión de un trino
y en voz alta despido un motor de saliva.

El rumor estertóreo que recorre a la rosa
en el disco respira su modelo de ausencias:
¡hallo! ¡hallo! a qué extremo ha llegado
su sombra ligerísima de aliento telefónico.

Yo comienzo a llamarla con fuerzas ferroviarias
y una dicción de fábricas me responde en la URSS,

mientras la brisa oyente multiplica su nombre
hasta el fondo ortofónico
de la multitud.

Renacimiento

Su desnudez marina resuena entre los árboles
como la claridad pulida de la tarde;
las columnas tendidas, las rosas de su cuerpo
desgarradas, a orilla de la espuma.
¡Oh, gloria estrangulada por el tiempo!

Desintegra el otoño su conciencia amarilla
mientras sangra la voz de las insurrecciones;
viene un soplo de mármol a estremecer su carne
y surge de la memoria de las ruinas,
las entrañas crispadas de injusticias,
¡belleza que consume, eternidad petrificada!

Verano

La mañana es un grito salpicado de pianos
que abre las ventanas al ardor del verano;
la brisa hace volar su ropa de campiñas
en las playas de luz por donde van sus pasos.

Oh desnudez marina de palmas exaltada,
reconozco la espuma de sus hombros
en el salto de mármol sin apoyo,
vuelo frágil que se quiebra en el agua.

Su mirada difunde el azul de las fábulas
y palpita en sus labios un rumor de riberas.
Viene la geometría perenne de las olas
a mezclar su compás a nuestro abrazo
mientras el mar mueve sus máquinas
bajo la claridad de frías devastaciones.

Tú sonríes desde el borde de un éxtasis desnudo
y despiertan de pronto los júbilos arcanos,
pero la forma sólo responde por el tacto.
Una caricia flota desprendida del mundo.

Transfiguración

Busco en la soledad pensada para pianos
la memoria de fuentes que dicta su presencia;
el verano sofoca los frutos de sus senos
y un éxtasis de estrellas colma nuestro silencio.

Abismado en sus ojos de infinita nostalgia
imploro su respuesta blanca y vaga de estatua;
las palabras expiran sacudidas de vuelos
y mis manos expertas descifran sus cabellos.

Cediendo a mis caricias una rosa sangrante
su seducción mortal, al fin, se hace visible;
transparece en la carne un sueño de jardines
y despierta en mis brazos cambiada por la tarde.

Mensaje

Para Mireya y Manuel

Sombra, cielo, misterio tremante entre ramajes,
jardín que junio enciende con luz flava y ardiente.
¡Oh belleza inefable que a mí llegas sonriente
sobre olas de ausencia y polvosos mirajes!

Cuando en la soledad, el tiempo detenido,
en secreto me entregue su más bello presente,
la piedad y el furor se habrán ya confundido,
mas brillará el deseo de tu fuerza impaciente.
Ven entonces con manos de nácar y de olvido:
apaga tú esa fiebre y serena esa frente.

Poemas no coleccionados

1919-1980

PERSONAS Y RETRATOS

Esas cursis románticas...

Esas cursis románticas de los ojos rasgados
que hemos visto en los bailes silenciosas llegar,
con la mano en los senos levemente ondulados,
semi-espejan saludos mixtilíneos de frac.

Y en la enferma sonrisa de los labios pintados
la nostalgia se asoma cuando tocan un vals,
tal parece que añoran viejos bailes pasados
del invierno que nunca ya jamás volverá.

A veces en la punta de un saludo mundano,
nos alargan la pulcra laxitud de una mano,
meniquelescamente, como haciendo un favor,

y en las caras clownescas, la boca ensangrentada
se rasga en un fruncido, cual si una puñalada
partiera en dos mitades un breve corazón.

A Gloria Campobello

Como danza gozosa por la orilla
que sigue un vivo imaginar divino
la ciñe el viento peregrino.
Mi mensaje la alcanza en la mejilla.

¿Qué pretende de mí la maravilla,
el mármol blanco que del Ponto vino
y en un ciego tumulto de contino
a su pasión de espumas me arrodilla?

Ondea su flagrante cabellera,
ensortijado hechizo de la primavera,
en el misterio de la tarde pura,

y me rindo a sus gracias inmortales
viendo correr las márgenes navales
de donde nace y muere su hermosura.

A Idolina Romagnolli

Escucho en el silencio de soledad colmado
el recurso de un trino que interpone la tarde,
bajo la fresca sombra del azul cobarde.

¡Oh delicia imperante
del musical gorjeo!
Comparado
al andante
de su voz, el discurso encumbrado
es un fútil gangueo.

¡Oh los mágicos gozos!
Viviente hermosura,
alianzas con la verdura
sobre el prado de nuestros retozos.

¡Osado aquel
que intente copiarte
—paradigma del arte—
por buril o pincel!

Trémulo palpitar,
locura o razón
de no poder sujetar
la instancia de la ocasión.
Yo tengo la quemadura
de su visitación,
y el mar
la ternura
de su despertar.

A un retrato

De tarde en el azul aparecida,
en gala de otro tiempo, los cabellos castaños
con colores de Rubens el pincel de la vida
ha pintado la rosa de sus mágicos años.

En sus ojos serenos como en los claros lagos
avistamos las lindes de los países vagos;
reprimido en sus manos hay un vuelo de encajes
y en su alma el encanto de los hondos celajes.

Cuando el tiempo destruya su belleza imperante

y ya no pueda ver su sonrisa sedante,
brillará sobre el polvo de alguna galería

su minuto de gracia para la eternidad.
¡Que la pintó, dirán, la fantasía,
pero yo sólo supe que eras pura verdad!

A un amigo *

Aunque a su corazón le fatigue la espera
volveré a verlo antes de que decline el año.
Auguro que los campos claros de primavera
iluminen su alma con el frescor de antaño.

Yo no sé por qué fui a remotas fronteras,
en busca de otros cielos como los emigrantes,
cuando gloria y honores no son más que quimeras.
¡Ah el río de la belleza! ¡Ah, mirajes distantes!

Mucho lo he recordado en los tiempos postreros:
en un tren, a la orilla del mar, en los senderos
de un parque, en el silencio de un sala vacía.

Sueño que un día elevemos nuestra copa espumante
y que apunte en sus ojos aquel fulgor chispeante
de cuando gobernaba y a la vez combatía...

* Heriberto Jara.

María Isabel

María Isabel, azul, rosa,
niña de mi expectación,

tú entras en el mundo
cuando me marcho yo.

La vida dura un segundo,
apenas es, ya pasó.
Vas a decirme una cosa:
¿Viviré en tu corazón?

De pie, ante mí, inocente,
cae un púrpura claror
de estrellas sobre la frente.
Por la gracia de tu amor,
cuando me mires de lejos,
haz que envuelto en tus reflejos
sea menos mi dolor.

Elegía a Ignacio Millán

Antes de que empezara mi viaje por el mundo,
mi hermandad con Millán era ya fruto cierto.
De su balcón veíamos remecerse los barcos
sobre el sedeño azul de la mar incesante.
Leíamos a Shakespeare y a Goethe los dos juntos
con el alma en un puño, pues buscábamos ambos
los niveles más altos que se asigna el espíritu.
Un dulce deporte consumía nuestros sueños:
seguir a las muchachas por las calles del puerto.
En Jalapa, vergel de arreboladas tardes,
¡qué alegría verlo! Traía consigo siempre
las novedades de la *Revista de Occidente*:
El Espectador de Ortega y Gasset,
embeleso, poesía, rosas de Aranjuez;
La Decadencia famosa de Oswald Spengler,

del que amaba lo fáustico,
o las *Cartas Biológicas* que escribió Von Uxwell
celebrando una dama,
tersas como el cuerpo de una mujer,
libros henchidos de encanto y pensamiento
que eran una fiesta del alma y los sentidos.
Entonces aprendí que el estremecimiento
es la mejor parte de las vidas humanas.
Como otros ahora quieren cambiarlo todo,
ahondábamos nosotros en el ser y lo eterno.
En un jardín de enhiestas araucarias
entumidos por los vientos del Cofre
glosábamos los folios últimos del otoño.
Cuando en Veracruz yo, una vez, gobernaba
le encomendé un asunto que tenía sus bemoles:
un general siniestro, de estirados bigotes,
ahorcaba campesinos sin formación de causa,
desolando los campos con sanguinaria saña.
Abnegado aceptó con un gesto cumplido.
Lo enfrentó el bufón trágico jactándose de hombre;
tranquilo respondióle, que también él lo era.
Bregaron largamente con un encono vivo
—razones diamantinas contra bravatas necias—.
Pero Millán más firme ahincaba sus rejones.
Vuelve a su acometida, al fin lo desfachiza
y le arranca la máscara de señor de la muerte.
Tal fue mi camarada de aquel tiempo difunto.
Hay cosas que se ignoran y no dice la historia
pero que la poesía ha de poner en claro.
Tenía Millán el habla de la gente norteña
y un aire triste y distraído.
Compartía con Schweitzer, de la música el gusto:
sus manos imantadas recorrían el teclado
donde pasaba en éxtasis horas desafectadas,
cuando cuerpos y bienes no son ya repartibles

y nos hallamos solos frente a las estrellas.
Parecía salir de una antigua balada.
Este Ignacio que canto con palabras moradas
no anduvo en redondeles entre amarillos ternos
y azules monosabios como el de García Lorca,
citando toros bravos y esquivando el embite
con el garbo y la gracia que es gloria de tendidos,
pero os aseguro que valía un as de oros.
Él miraba tan sólo el cincho del Zodíaco
y la constelación de Cáncer, cerca de Tauro,
vigilaba las células y su orden simétrico,
y sajaba en la carne hasta los entresijos.
A su perfil rendía las lánguidas mujeres,
y a una de mis primas la tenía fascinada.
Posiblemente alguna habría perdido el pulso,
pero nunca abusó de sus viriles fueros.
He aquí a mi héroe en Nueva York, becado
por John D. Rockeffeler para seguir su lucha
contra el pulpo de seda engrafiado en la carne.
Está enamorado de una joven rubia
que escribe una columna en el *World Telegraph*.
Una foto borrosa recuerda nuestra imagen
igual que si estuviéramos al fondo de un estanque
de hojas apagadas por la estación cobriza.
Desde Radio City admiramos a Manhattan, la líquida,
ceñida por el Hudson, East River y las
lejanías espumosas de Long Island.
Al caer de la tarde fuimos a pasearnos
a River Side Drive, del brazo.
Un otoño bermejo venía de Massachusetts,
donde vivió Dos Passos, que me tradujo *Vrbe*,
y era el más grande de la generación perdida.
Un enjambre de acero zumba entre las astillas,
de un cielo picoteado por estrellas furtivas,
fosforece la risa carmín de la muchacha

y los tres nos sentimos vivamente felices.
Rodeado por el éxito, el amor y los votos,
preside la mundial avanzada de un sueño.
Millán va por el mundo, siempre preocupado.
Vive modestamente. Su juventud medita,
pues el dolor lo agobia
y su angustia es muy honda frente al mal deplorable
especialmente cuando alcanza a un ser querido,
su mujer, su hermana, un íntimo amigo.
Lector ¿alguna vez tuviste tú un amigo?
¿Conociste, por gracia, la amistad verdadera?
¿No es acaso una estrella, una alta esperanza,
una fuerza tangible que tiene nuestra barca
confiada contra el viento que azota la ribera?
Millán tendía su brazo, su corazón verídico
en generosa ayuda, pero falta de pronto,
la obscuridad le cubre los ojos para siempre,
y nos hunde en la noche de un tiempo desvalido.
¡Ay! mi llanto
corre por el silencio que esconden las ciudades.
Profetisa del sueño, haz tú este milagro.
Regrésame su sombra, aunque esté más oscuro
que el mismísimo Fausto ¡él tan claro!
y permite que venga
a respirar conmigo el aire del poema.
Las viejas disciplinas de los poetas trágicos
llegan hasta la arena manchada de cadáveres,
frente al mar y las olas que en voz alta te nombran:
Millán, Millán, Millán, te llaman las sirenas
desde la niebla inmensa de mi vieja memoria.
Cuando llega el crepúsculo me quedo pensativo
y me digo a mí mismo, ante tu apagamiento:
tú ya no tienes penas, ni yo tengo sosiego.
Duerme, querido amigo, el sueño del olvido.
La vida es lo que huye, y su furor, la nada.

Estrofas para un amigo

(En el 80 aniversario de
Germán List Arzubide)

LA PLAZA DORADA

Te escribo de un café de una plaza de ayer,
quizá la más hermosa de cuantas conocí.
El sol apenas dora su gracia de mujer:
el tiempo y la historia están frente a mí.

Es primero de mayo y llevo en el ojal
la brizna de muguet que me prendió mi amor,
como augurio dichoso en este mes floral.
Miro a veces la plaza y contemplo la flor.
Tengo pocos amigos, la mayor parte han muerto,
estoy casi solo como en el desierto,
y resuena en mi pecho un lejano fragor.

CONFRONTACIONES

Si al cumplir los 80 el payaso te hablara,
te diría cosas duras de hacerte estremecer,
pues ya no hay sonrisa para alegrar tu cara:
¡pobre arbusto florido que tunde una mujer!

¡Lástima que ya tarde te llegó la lección,
cuando la noche emprora su sombra a tu balcón!

Porque una vez a Francfort llevaste una bandera
que un joven guerrillero capturó al invasor.
¿Pretendes que el aplauso se oiga en la tierra entera
y que todos te admiren por tu inmenso valor?

¿Por qué andas contando que yo soy liberal?
Yo con Adam Smith no tengo ningún trato
y apenas si en la escuela conocí su retrato.
En serio te lo digo, pues mis maestros son:
Don Quijote, Hamlet, Dante y el Mago Simón.

En las brumas del yo, ser yo es esencial.
Mi crítica comienza a partir de mí mismo,
y no es importante que esté cerca el abismo.
Asumo lo fatal.
¡Ya resuenan los cascos de los temidos potros!
Miro dentro de mí. Me aparto de los otros.
¡Que los perros se pongan a ladrar!
La caravana pasa sin siquiera voltear.

ENCUENTROS

Haz mejor el balance de tus bienes y males.
En un pueblo perdido te encontraste a Cueto.
Andaban por la sierra, de maestros rurales,
henchidos de proyectos. Llegaron a caballo.
El escultor dinámico de la inquietud constante,
buscador pitagórico de lo nuevo y cambiante,
era flaco y chispeante, parecía un esqueleto
de Posada, saliendo, alegre, de la huesa.
Lo pintó Ramón Alva con copete de gallo:
quedó todo su estilo en el cuadro señero,
plano como baraja y color de frambuesa.
Tú, viéndolo, exclamaste jubiloso, el primero:
—¡Me gusta para amigo el del ancho sombrero!
Del alma te salió aquel grito sin precio.
En la noche hubo baile. Una sola beldad
había en el lugar. La exhibiste a los vientos
lo mismo que un cirquero que salta del trapecio.
Mil mentiras contaste como reales eventos.

Entre copas de vino se pusieron contentos,
y cuando se dispersaron en la soledad
del pueblo, comenzó una larga amistad.
Tan sólo por poner en Flandes una pica,
escribiste de Brujas, con el otro Germán:
¡hoy salimos de "brujas"! Sin una perra chica
salieron los dos juntos con rumbo hacia Paname.
Planeabas tú casarte con una viuda rica,
pero no era el camino que va a la Moza Rica.
A lo lejos sombreaban los pantanos de Dâmme.

Muchas veces contaste que por los bulevares
te encontraste una rubia de inverosímil *chic*,
que tenía la fragancia de los nuevos cantares.
(Tú llevabas al cuello tu mascada *batic*.)
—¿De qué país viene este hombre anaranjado? (Sic)
preguntó. Y te dijo: Tú serás mi "beguin",
que Cueto te tradujo muy bien como "pelota",
porque tú de francés no parlabas ni jota.
Y por aquella loca de tan sandia locura
que a ti te volvió loco con la loca aventura,
caíste en la quimera de creerte Don Juan.

Ya eras tú esclavo de la frivolidad
cuando entraste de arriero en la vieja heredad
con Laborde (un poeta mediano), Lombardo,
Campa y Velasco. Nuestro amigo el panadero,
recuerdo que una vez le saltó al letrado
fulgurante y certero,
                          como un gato pardo,
                          creo que cuando aquel
                          rindió los sindicatos
                          al grupo de Fidel
                          y los cinco lobatos.
Tú esperabas entonces que alzaran el telón:
el aplauso y el público fueron tu perdición.

LA MÁSCARA

¡Oh! ¡Tú que palideces al nombre de Vancouver!
como dice Thiry, el poeta soldado.
Sácate la verdad de lo más entrañado.
Confiesa ante tu amigo,
que es poeta y testigo.
Tú tenías en Puebla aquella novia púber
de floridos balcones que dejaste plantada
en la ciudad angélica de luz azulejada.

Como un vendaval de hojas azotadas,
huyendo de un motín de palos y emboscadas
una tarde a mi casa llegaste acompañado
de Leopoldo Méndez, nuestro amigo llorado,
con unas raspaduras que mi madre curó.
Sentada en su butaque claramente la veo
aplicándote árnica y un ligero parcheo,
con la misma dulzura que a un hijo feo.
Todavía esa tarde preparó unos tamales
(que eran, tú dijiste, un poema enrollado),
usando hojas de plátano, el amable secreto
de su ingenio y el gusto de las tierras natales.

Tú llevabas la máscara caníbal en que Cueto
fijó tu risa abrupta, como un lírico reto.
¿Quién no te reconoce? Es ese tu retrato
y no le hace falta ni el menor garabato.

Cuando te pasó el susto te erguiste engallado,
como si estuvieras arengando de un estrado:
"En aquella refriega mi mano levantó
la bandera del pueblo que un cobarde tiró,
y en cuanto a mis heridas, me curo con saliva."
¡Oh hombre empavesado que te ciñes de oliva!

Entonces sólo había cicateros mitotes,
un solo Huitzilac, pequeños Topilejos,
pero no Tlatelolcos, ni siquiera de lejos,
porque sólo se usaban mangueras y garrotes,
y no la vil metralla de las grandes matanzas
que en octubre dejaron tan sangrientas labranzas.
¡Las cosas que han pasado en el México aciago!
¡Hay crímenes peores que los del mismo Yago!

EL PAÍS DE LA U

Aviador temerario que los cielos cruzaste,
con la gorra en la mano, a Moscú saludaste.
Hiciste una pirueta frente a San Basilio,
fuiste a Samarcanda en busca de un idilio,
el corazón robaste a *La Dama de Pique*
y un capullo dejaste. Ser Don Juan es tu tic.

INTERROGACIONES

Cuéntame ahora algo que sea de importancia.
¿Florecieron de nuevo las rosas de Juan Diego?
¿El Ego del gobierno es ya el otro Ego?
¿La ciudad se embalsama con la misma fragancia?
¿Te paseas todavía por la calle Madero?
¿Comes y bebes bien? ¿Muerdes en la manzana?
¿Del placer de la carne sientes aún la gana?
¿Andas como siempre alegre y bullanguero
contando tus hazañas con gesticulaciones,
por cafés y oficinas, por bares y panteones?
¿Sigues enamorado de la Maja Desnuda?
Entre el tiempo y su cuerpo ¿no hay un pliegue de duda?
¿Estás con tu organillo plantado en una *Esquina*
y la Internacional canturreas en sordina?

¿Queda algo que palpite en tu vida azotada,
una flor, una risa, una larga mirada?
¿Gallardo todavía piensas alfombrar la vida
con los pétalos nuevos de la canción perdida?
¿Cuántos jueces sostienen de verdad la justicia?
¿Hay quien se rebele contra la impudicia?
Trata, como en la Biblia, de encontrar a "Diez Justos"
y pregunta a los que parezcan más adustos,
si habrá nombres de calles para Bassols y Jara,
héroes de romancero, sin falta y sin tara.
Queda la de Esperanza,
que en otra lontananza
fue amante de un Regente.
¿Oíste algo igual de la "perduta gente"?
No pronuncio su nombre porque está ya muerto,
y no tiene defensa, ni abrigo, ni puerto.
Pero en verdad te digo que era un gran pillo
y tan sólo merece mi desprecio amarillo.
Sin embargo, no es esto, lo que a mí me espanta,
sino la indiferencia con que el pueblo aguanta.

EL VALS DEL PEYOTE

Si vas por el desierto hay un pueblo en cuclillas,
no preguntes qué hace: viendo está maravillas.
En bermejos crepúsculos y lívido de tedio
pasa su vida entera de espera sin remedio.

Si Xochipili te ofrenda un ramo de flores,
no es la primavera de los suaves alcores:
son tan sólo los cardos de ásperos desiertos
envueltos en el polvo de los recursos muertos.

Si alguien por el camino te grita ¡Adelante!
es porque falsa ruta hace en el mismo instante.

Pero tú no por eso vas a fruncir el ceño,
pues sabes que si, es no, donde la vida es sueño.

Los pesos que tú ves flotando en los mercados
como peces de plata que parecen volar,
son turbios espejismos de remotos pasados,
una ópera ñoña que nadie ha de cantar.

Los emblemas de gloria, blasones y colores
que ondulan contra el cielo y tomas por banderas,
son tan sólo tendidos de pobres lavanderas
que lavan en un charco su ropa y sus amores.

La lujosa chatarra por la calle estragada,
y los barcos de vidrio que no saben flotar,
son infames ludibrios de una mascarada
que no limpian los siglos ni las aguas del mar.

Las flores y los frutos de nuestra cornucopia
que contemplan tus ojos como sueños de miel,
¿qué son sino quimeras de nuestra triste inopia,
los terrones del tiempo, del milagro la hiel?

Si hasta el fin de la noche te llega una sonrisa
y la patria te dice que quiere hacerte honor,
es la voz del fantasma vago de Mona Lisa
que se acerca de puntas, y en tu alma desliza
un arsénico dulce, un engaño en su flor.

Ese vals que escuchaste transportado de gloria
¿es la vida que gira y girar es vivir?
A las vueltas del tiempo, repasando tu historia,
te responden las olas que girar es morir.

¡Ay, amigo del alma, que crees ser el maligno!
¡Que las ascuas son rosas que acarician tus pies!

¡Inocente del mito que te asombras del signo,
que pierdes el horóscopo y ves lo que no es!

No creas a tus ojos si hacia ellos aflora
la princesa oferente, cuyo nombre es Flor,
que llevaba en su seno para el rey una aurora
junto con el hijo de su blanco licor;
ni a Ilhuicamina, que asoló las Huastecas,
y en las Guerras Floridas fue el Gran Flechador;
ni tampoco al sangrante, lapidado de Chalma,
el más triste y tiznado charrasqueado del alma;
ni a Marina y Cortés, el de las piernas chuecas,
que torturó a Cuauhtémoc con vil iniquidad;
ni a la divina Eulalia de los piadosos huesos
despreciada por sabios sin sapiencia ni sesos.
Los miles de payasos que te hablan con muecas,
Moctezuma, el monarca de la "silla de oro"
y su largo cortejo abigarrado y sonoro
son sólo los delirios de una oscura ebriedad.

Pero si un día acaso por camino llanero
ves que vienen hablando un noble caballero
y un rústico montado en un burro, zaguero
—el primor, el ejemplo de nuestra humanidad—
límpiate bien los ojos, ríndeles el sombrero,
has visto a Don Quijote y a Sancho, su escudero:
viste la eternidad.

Allá lejos, muy lejos hay un pueblo perdido
entre cactus y breñas y un nevado volcán.
Una inmensa corriente de podre lo ha tendido,
la náusea, el olvido y las piedras por pan.

Tú, como los huicholes, espera las auroras,
y mira cómo pasa la danza de las horas.

ALARMA

Los negocios del diablo prosperan más que nunca.
Si estallara la guerra sería todo espelunca.
En verdad, en verdad, átomos y neutrones
se esparcen por la tierra. Perecerán naciones,
se borrará la vida, se acabará el gozo,
ya nada crecerá, y el tiempo será un pozo
que vigila en silencio un fantasma homicida.
¡Salud! ¡Salud! ¡Oh hombres de blindados edículos,
os espera la muerte infausta, sin testículos!

BIFURCACIÓN

Va llegando la hora de que nos despidamos.
Tú te vas al infierno. ¿No es en lo que quedamos?
Busca en círculos leves a Paolo y Francesca.
¡Que sus lenguas de fuego te sean delicia fresca!
No merecen reproches por sus dulces deslices
pues mucho se amaban, y "no hay nada más triste
en la miseria que recordar los tiempos felices".
Si te encuentras a Arqueles por los desfalladeros
(pues fue amante también, discípulo de Eros),
dile mi voz sentida: que mi amistad persiste.
Un amigo que parte por oscuros senderos
es una sombra más que entra en nuestra vida.

Yo me voy al espíritu, a Dios,
o con Hamlet quizás a la vieja ribera
sin regreso, o a mi infancia marinera.
Ser-ahí es lo importante; no estar tumbado.
¿La vida es la muerte? o ¿La muerte es la vida?
¿Es un sueño acaso? ¿El capricho del Hado?
Quién sabe, quién sabe, hay aún que esperar.

Quisiera marcharme, pero antes desalterarme,
y a borbotones beberme el mar.

Adiós.

ARS POÉTICA

Hay algo todavía que no debo callar.
Es siempre preferible solamente gustar
a unos cuantos selectos que a mil de lo vulgar.
No busques a la *Plebe*, no sigas las charangas.
No creas que la poesía es un juego de mangas.
Tampoco el espejo del tiempo en que te ves.
Es lo real absoluto como dijo un romántico.
¿El rosal, la mujer, la estrella de mi cántico
o la viva nostalgia de lo que pudo ser?
Poesía es lo que es.
Son *Las flores del mal*, de Carlos Baudelaire,
Rimbaud, Nerval, Stéphan Mallarmé,
maestro de la ausencia y el imposible ¿qué?
Cendrars, Apollinaire.
Incluyo a las Españas:
A Jorge Manrique, el de la muerte sentida,
Góngora, Quevedo, quien dijo del Osuna:
"Su tumba son de Flandes las campañas
y su epitafio la sangrienta luna",
Juan Ramón, andaluz de universal medida,
García Lorca, el gitano, eterno asesinado,
Aleixandre, el Nobel de vendimias extrañas,
el segundo Machado, el del tiempo y la vida.
A México también con Ramón López Velarde,
el primero en *Zozobra*, sin desdén para tantos
de un afán infinito, cuyo corazón arde
bajo el cielo sediento de pájaros y hechizos
en las altas planicies, y los que nuevos cantos
trajimos de los ríos de viejos paraísos.

La poesía es lo que vive más que una sepultura.
Es la pura excepción. Un soplo de altura.
La flor invulnerable a la espada temida.
El último reducto que nos deja la vida.
Es angustia, horizonte, anhelo del confín.

DESTELLOS

Hoy salí en busca de mi perdida juventud,
y encontré sus destellos: la alegría, la salud,
la amistad, que hacen bien. Expulsa al tiempo ruin,
la polilla, la máscara. Manda a volar el frac.
¡Que el mundo de la mentira y la farsa haga crac!
Recuerda las bellezas de nombre fronterizo:
la danza y el teatro, la poesía y el hechizo.
Tenías tú un apetito de tiburón hambriento;
yo una larga avidez de camello sediento.
El mundo era tan leve: cielo, estrellas, mar,
la aventura infinita como el respirar.
¡De qué mangos, de qué guayas, de qué piñas
                                    me perdí,
pues a aquella fruta con olores de campiñas
                          no volví!
Olvida tu cadáver, que nada te atormente,
y bébete conmigo, melancólicamente,
los últimos raudales de un día acariciador.
¡Porque nunca desertes la amistad y el amor!
Y aun, que en muchos años, lo mismo que en la escuela,
cuando oigas tu nombre, puedas decir ¡Presente!
La vida se marchita con el tiempo que vuela
bajo el veredicto de la luz mortecina.
Tú, vive en mi poema de confeti y carmín.
¡Desastre mexicano! ¡Diana de la victoria!
Poeta, *malgré tout*, y a pesar de la escoria

con una virtud rara que te saca la espina,
y para todos brilla: ser amigo sin fin.

Bruselas, 1º de mayo de 1978

Autorretrato con paisaje

No todo en mí es cuerpo, apariencia y figura;
la voluptuosidad enciende mi vivir,
y aunque el sol de mis días ya casi no fulgura
aún me queda un hondo y doliente sentir.

Extraño el ancho mundo de los antiguos viajes.
Contemplo, reflexiono, dramatizo. Sonrío
a mi juventud y al brillo de sus mirajes:
al fondo una atalaya y la cinta de un río.

No vivo del decir sino de lo que hago.
Morir viviendo en la poesía es halago
como brisa que surca un recuerdo naval.

A veces en el alma me prende un sueño vago,
que me deja en un éxtasis, y presiento el amago
de alguien que me mira con un mirar letal.

TRES CIUDADES

A Veracruz

Gaya ciudad de acentos liberales
que ostentas la flor de la sonrisa;

el albedrío marino de la brisa
alborozado corre en tus portales.

Ceñida del azul de tus cristales,
tu palacio es florón de una premisa:
preside las instancias de la prisa
y la locura de tus carnavales.

Ajustada a verdad igual que a norma
proclamaste las Leyes de Reforma
desde el viril coraje de tu orilla.

Tus muchachas de gracia sevillana
pregonan el fulgor de la mañana
y son de tus balcones maravilla.

A Guadalajara

Al pie de tus enhiestas torres, dones
de la belleza son y la apostura
tus mujeres, primores de escultura,
y estampas insurgentes tus varones.

¿Qué más gracia pedir a los blasones
que engalanan el aire de tu plaza,
en donde el alma entera se solaza
con el donaire de tus canciones?

Si en tus oscuros ojos me mirara,
sentiría la calca de mi infancia
caldeada por el sol de la pradera,

y bebería ¡oh! Guadalajara,
en tu barro de abscóndita fragancia
todo el deleite de la primavera.

A Puebla

¡Oh! Puebla de barroca arquitectura
a quien Mayo engalana de banderas,
tienes un don feliz de primaveras
que en mi memoria para siempre dura.

Los sones de campanas por la altura
van volando a morir entre las eras,
donde se alzan las cúpulas señeras
que aposentan la luz de tu hermosura.

Pasa el tiempo, con él también la vida,
el alma queda en soledad transida
y es tan sólo rescoldo el sentimiento;

por eso al recordar mi juventud y amores,
a tus plantas, igual que un haz de flores,
pongo la estrofa de mi rendimiento.

EL POETA Y EL RÍO

... y una eterna nostalgia de esmeralda.

MANUEL JOSÉ OTHÓN

Evocando del tiempo...

Evocando del tiempo en la distancia
el río de mi edad amanecida,

aspiro el alto don de su fragancia
y proclamo mi pasmo ante la vida.

Como en un espejismo de mi infancia,
miro el confín. El alma, desasida
del mundo y de su ansia,
tiene un leve temblor de despedida.

Volveré a tus riberas, claro río,
a retemplar mi espíritu en tu brío,
antes de andar la última jornada.

Al ocaso arderán las viejas fraguas
del sol, mientras tus aguas
corren hacia la mar y hacia la nada.

Cuando en pensarme...

Cuando en pensarme y en pensarte quiero,
apoyada en la mano la mejilla,
miro el agua correr desde la orilla
igual que en tiempos de mi amor primero.

Tú fuiste el paraíso tempranero
en que colmé las ansias de mi arcilla,
y en mi pecho encendiste la amarilla
brasa del trópico altanero.

Ya cristalino o empañado espejo,
a medida que avanza tu corriente,
hundidos sueños por el cauce viejo

suman las sombras de aquel tiempo ausente,
y me parece ver en tu reflejo
los años que pasaron por mi frente.

Contigo van...

Contigo van mi alma y mi albedrío,
mi afán, mi vida y mis desvelos,
mientras que los marmóreos cielos
duermen al fondo de tu cauce frío.

Por el mar las banderas del hastío
se agitan ya entre revueltos vuelos
encrespados, y vagan mis anhelos
en la marina azul del tremolío.

Olvidando el fluir de tus cristales
alcanzas los tumultos litorales
en un pacto sellado con la suerte;

que retratadas queden en tu historia
transparente —mi vida y mi memoria—,
redimidas del sueño de la muerte.

Oigo el pulso latir...

Oigo el pulso latir de tus riberas
que la vida y la muerte me enseñaron;
forastero, crecí junto a tus eras,
y tus aguas al mundo me llevaron.

De tus frescas muchachas tempraneras,
la belleza y la gracia me elevaron,
aliadas de tus fuerzas y banderas.
¡Que el texto de tus aguas sea alabado!

¿Qué es lo que me aguarda cuando muera?
¿Mi carne es sólo un fruto magullado
que se pudre al sol de las praderas?

Cuando acabe el favor de la mentira,
despliega el rumor de tus palmeras
y mira con amor a quien te mira.

De la ausencia devuelto...

De la ausencia devuelto a estas orillas,
dragón verde que guardas mi tesoro
(el ídolo, el mago y lo que lloro),
¡que tu claro satín corten mis quillas!

El poema labrado y sin astillas,
la caoba y el cedro que deploro,
lucen en ti el cielo con que brillas,
las arenas, las estrellas de oro.

Tras los trances del mar y sus murales
avanzas de las áreas sepulcrales,
y despacioso pasas por mi puerta

cantando tus baladas de marino,
mientras que yo contemplo mi destino
y los despojos de mi vida muerta.

Como Leopardi miro...

Como Leopardi miro el infinito
de la antigua colina de mi infancia;
el lejano cristal en la distancia
corriendo va a la mar de ronco grito.

El reflejo del tiempo indiferente
—esencia de las cosas que pasaron—,
se parece a las tramas que llevaron
mi fortuna y mi ansia a tu corriente.

Vosotras aguas hondas y sumisas,
apariencia de cosas verdaderas,
tan sólo sois las sombras tornadizas

de la vida, los juegos temporales,
la malla, el pensamiento, las quimeras
del hombre y sus duelos ancestrales.

Esperaré paciente...

Esperaré paciente en la ribera
que a mí llegue el tiempo prometido:
siento ya que se acerca a mi latido
la amarga broca de la edad postrera.

Contemplando en tus aguas de esmeralda
mi nostalgia y tu eterna primavera,
una vez más la parda sementera
dará su fruto escarlata y gualda.

¿Por qué en su afán la carne florecida
junta al goce la pena de la vida?
Como el pájaro oculto entre las brumas

que lanza al aire su dolido grito,
envío mi mensaje al infinito,
sobre el sueño del mar y las espumas.

Preludio en la montaña...

Preludio en la montaña del encino,
¿qué misterio te lleva, linfa pura,
para bajar curiosa a la llanura
y volcarte en el mar de tu destino?

Las antorchas alumbran el camino
que va al puerto; velera arboladura
finge a la noche leve veladura
y fuegos de San Telmo en lo marino.

A través de las sombras de abalorio,
la luna de ámbar como un ostensorio,
silenciosa resbala en la arboleda.

Yo conduzco a mi pueblo, peregrino,
entre votivas piedras y adivino
cerca el mar de la sal y la alborada.

¡Oh tiempo! ¡Oh río...

¡Oh tiempo! ¡Oh río de la existencia!
Voy en la entraña de tu ser fluido,

marcho por el caudal de tu experiencia
que atrás dejó mi último latido.

Heráclito, conozco tu sentencia:
nadie, nadie remonta lo vivido,
ni dos veces bañó su diferencia
en las aguas del tiempo que es olvido.

Río de cristal, sí, adiós te digo,
con las mismas palabras de un amigo
que como yo vagó por los océanos,

mientras miro en tus fondos y ramajes
los sangrientos derrumbes tramontanos
que son de nuestra vida los mirajes.

EL ORO DE LOS DÍAS

El tiempo y las rosas

Pocas veces mi vida tanto se ha conturbado,
como cuando en tu reino un día te encontré;
tenías un aire vago, lejano y ensoñado
que me hizo pensar en la verdad que fue.

Dije, ¿quién, quién será esa criatura alada,
tan leve, que levanta las fuerzas de mi ser?
Y me incliné, rendido, a tu ideal mirada:
sentí la primavera de un nuevo renacer.

¿Qué es la vida, el misterio, la delicia, el anhelo?

¿Los dones de una virgen que desgarra su velo?
¿El canto y el amor en nuestro corazón?

Diríase que el tiempo se ha llevado tus rosas,
yo estoy carcomido de miserias y brozas,
pero me dura aún aquella encantación.

Bruselas

Bruselas es mi novia, mi búcaro, mi amada,
no he podido olvidarla desde que la encontré;
transito aún por sus calles y su plaza dorada
que me hablan de otros tiempos, mas no sé bien de qué.

Tiene como una suave sonrisa anublada,
sus jardines prendidos de mi alma están,
siento yo la nostalgia de su vida velada,
los castaños de oro, las cosas que se van.

Ciudad de encajes leves y de piedras labradas,
de tintes mortecinos y buñuelos de miel;
me deleito en tus nobles pinturas apagadas,
en tus ostras plateadas y tu sabio Mosel.

Amigos, camaradas del arte y del estilo,
gozad como testigos de tan raro esplendor.
Cuando cierro los ojos creo enhebrar el hilo
de la amistad distante, la poesía y el amor.

Con Breughel y con Ensor me pierdo en los cortejos.
Valedme Vandercammen, Ayguesparse y Flouquet,
Marlow, Goffin, Verhesen, Norge, Thiry, Plisnier
y los otros de Francia que nos miran de lejos

¿o acaso se durmieron en los viejos espejos
y sus cegados ojos ya no nos pueden ver?

¿Qué es lo que ha pasado? ¿Qué fue de nuestro ayer?
Yo amo vuestro trato y vuestro parecer,
Los Cantares de Elskamp, de Verhaeren, *Las Horas*,
su jardín y su tumba, del Escalda, las proras
y la *Eva* divina de Carlos Van Lerberghe,
pero amo sobre todo, más que todas las cosas,
el primor de las rosas
que me dio una mujer.

El poeta y el ciego

Una tarde que en Londres paseaba ociosamente
adosado a una esquina hallé un ciego cantor;
parecía una escultura por su mirar ausente.
Mi socorro en sus manos le puse con fervor.

En sus brazos brezaba un acordeón doliente
de voces quejumbrosas y dolor de arrabal.
Cantó algo parecido a mi vagar trausente,
por el tiempo y los muros de una edad ideal.

¡Cuánto me gustaría que los viejos juglares
cantaran las estrofas de mi viviente afán,
por calles trajinantes de mancillados lares!

Y que siempre se canten en las tardes de duelo,
polvorosas de gente, como en Portobelo,
entre harapos y huesos que al camposanto van.

Recluso en libertad

Trabajo en una estancia que mira hacia el pasado:
en silencio medito y escribo mi pensar,
la tarde se despide en un trance morado.
Una sílaba a veces me aparta de un pesar.

No tengo yo taller, pues mi quehacer es leve:
en ronda las palabras me vienen a buscar.
Ni ostento joya ilusa, ni tengo premio aleve.
Yo me gano la gloria con mi propio cantar.

En cerrada clausura estoy libre del mundo,
¡oh la, la, qué de veces me he escapado errabundo,
que ni el mismo sofista me pudiera alcanzar!

Las hojas de mi canto se juntan una a una,
y en la noche, bruñidas, me las deja la luna
que acaricia sonando la guitarra del mar.

Otoño

I

El otoño ha acampado su cortejo dorado
y difunde vibrantes leyendas de metales,
mientras yo sueño que unos ojos suavemente imantados
de soledad, alivian mis vigilias mortales.

Pasa el viento accionando su discurso amarillo.
El agua confidente aclara sus escalas
y el sol, que luce apenas con apagado brillo,
ensaya sus esgrimas en las dormidas salas.

Otoño, encantamiento de la leve pintura,
me miro en ti y recorro tu triste agrimensura
buscando en el retiro de la tarde velada,

del vino de tus viñas la ardiente certidumbre,
pero hallo sólo el imperio de la herrumbre,
y en lugar del prodigio la carne desahuciada.

II

Yo tuve del amor la seducción triunfante
y de los días vacantes espléndidos destellos,
el dulce rendimiento de su gracia fragante
y la sonata ardiente del viento en sus cabellos.

Yo penetré al jardín de un verdor susurrante
una noche radiante de silencio y de estrellas,
y gusté del festín las primicias más bellas,
pero el encanto dura lo que dura un instante.

¿Qué se hicieron sus risas y el reino milenario
que yo puse a sus plantas? ¿Qué se hizo el salario
de sus besos? ¿Qué las áureas bonanzas

del otoño y el arte? Todo desvanecido.
La sombra ha descendido a mis tristes labranzas.
Y ahora sólo tengo las nieves y el olvido.

III

Cuando miro a través de los viejos jardines
de las vagas marinas el azul deslumbrante,
se enciende su recuerdo de gracia palpitante
al fondo de una fiesta de mágicos confines.

Yo respiré la Arabia de los tibios jazmines
que brota suavemente de su cuerpo fragante
tejido con el gozo de la hora radiante
y las rosas carnales a las diosas afines.

El viento terminó con visiones y halagos,
acumuló el otoño sus bárbaros estragos,
fue su paso un momento de breve claridad.

¡Oh gloria! ¡Oh anhelo! ¡Oh dulzura sumisa!
¡Qué tristeza pensar en su sonrisa
prendida al artilugio de la eternidad!

Post Scriptum

(Sobre un tema de Camões)

Mi vida por el mundo quedó hecha pedazos,
pero mi corazón no deja de palpitar.
Cuando llegue el final de mis hondos ocasos
¿durarán aun siquiera el rumor de mis pasos,
los barruntos del mar?

¡Que un llanto contenido me premie cuando muera!
¡Que atruene el océano su estrofa de cristal!
¡Que en tus ojos esplenda la antigua primavera
y dé mi polvo para ti un rosal!

Teoría

Sobre una sola tecla
el agua insistía
sin argumentos.

131

AIRE DE AUSENCIA

El pueblo lejano

Yo nací en un pueblo que era sólo una villa,
una iglesia en su atrio rebañaba el lugar,
traspasaban el aire perfumes de vainilla:
mi madre allí tenía sus galas y su hogar.

Su nana le decía cosas de maravilla:
—Vela, se me figura que te vas a *enmaplar*,
y ella sonreía, radiante la mejilla,
al galán forastero que la iba a buscar.

Muchas veces pensando en el tiempo y la vida,
el destino y la muerte, mi alma oscurecida,
recibe las caricias del amor familiar,

y sueño con el pueblo en sus horas mejores,
en las bellas criaturas y sus tiernos amores
oyendo en mis umbrales los latidos del mar.

Tajín

Bajo abrasantes soles tropicales
por el camino voy de la vainilla;
absorto, con ojos sensuales,
descubro del Tajín la maravilla.

Vallada de verdura reluciente
descorre su votiva gradería,

y a los biseles de la luz poniente
vuela la metafísica del día.

El genio de su eterna fantasía
—Rayo o Trueno de mitos coruscantes—
ha vuelto a florecer a los viandantes.

Ausentes están dioses y pinturas,
pero desde el azul de sus alturas
siento el duro latir de sus danzantes.

Serenata pueril

La vida es un teatro
hecho por tres o cuatro,
afirma Calderón.
Van llegando al tablado
gente de mi pasado,
sombras de mi telón:
Cristina y Severiano
cogidos de la mano,
Mariana, la mucama,
Zaleta, el embrujado
y brujo del pistón
que perdió la chaveta
por la que no lo ama,
pues ama a otro varón.
Yo sueño con lo arcano
y el diablo entra en lo vano
haciendo una pirueta
por el escotillón.

Las brujas bailan al son
de una música terqueante
para volver al amante
de nuevo a su posesión.
El aquelarre hace ronda
delante del guajolote,
palabras del epazote
se oyen en la trapisonda.
—Por aquí has de llegar;
en la noche del Erebo
frente a la vela de cebo
a fuerza tienes que entrar.
Está en su punto el conjuro
cuando el guanajo hace ¡tong!
Surtió ya efecto lo oscuro
por arte del Malintón.
Con el alma fatigada
pasaba horas de extrañez
viendo entre la palizada
las sagas de mi niñez.

Es noche de retreta
la pena de Zaleta
suspira en la veleta
que escala su pistón.
Su larga queja ensaya
al pie de la Atalaya,
y al diablo le da raya
el encantado son.

Con lírica acrobacia,
trasunto de la gracia,
sus altas notas hacia
la noche alzan su son.
Planea por los tejados,
se planta en los estrados,

y en bailes y tinglados
arguye su pasión.

Todo es suave y vago,
la noche mero halago,
la mar pleno cantar.
El mágico insondable
que cuelga sus tesoros
tachado de meteoros
me clava el formidable
mirar del ultramar.

Entonces me decía:
¿Cuál es la profecía?
¿La vida es un afán?
Hay gentes laceradas,
mujeres encintadas
y buques que se van.

Muchachas de ojos zarcos
que esperan blancos barcos
riberas de la mar,
con senos y caderas
de tensas primaveras,
como barcas veleras
ansían también bogar.

Yo andaba por los cielos
buscando en mis desvelos
la curva kepleriana,
cuando el sutil intruso
ligero me propuso
los senos de Mariana.

Con golpe acelerado:
—Estate bien portado,

te vas a condenar.
—Están tus días contados
gritóme el emboscado
con hondo resonar.
Mas hícele yo frente,
y le solté estridente:
—Me haces los mandados.
—De mí te has de acordar.

Algunas sombras raras
detrás de las mamparas
están a lo que están.
La trova con su lazo
las ata en breve plazo.
¿Caerán o no caerán?
¡Si mudan las estrellas,
cuánto más las doncellas!

El tiempo chinchurreta
y el vicio con careta
del brazo juntos van.
Que suba el proxeneta,
más alto que un cometa,
y enrédese en su treta
el diablo-sacristán.

Hembras de vida airada
ostentan de pasada
sus garbos y rabeles
con ilusorio afán.
—Que dos tan zalameras,
requiebro a las troneras.
Y ellas: —Pero mieles
al asno no se dan.

Olvídense mis señas
y grítenle a las peñas
los que vendrán atrás.
El eco es el segundo
y no don Segismundo,
que desde el otro mundo
responda al trasbarrás.

Natura es un enigma
que pone como estigma
su sexo al tulipán,
desde su verde entraña
la vida es miel de caña,
azúcar de arrayán.

Modele Dios su barro
de donde yo me agarro
igual que hierro a imán.
Que no me queme el fuego
de su divino Ego,
y séame leve el juego
de vienen y se van.

—La rueda de la vida
está ya prevenida,
tu suerte está perdida,
no puedes escapar,
pues un golpe oceánico
que alcance hasta lo pánico
te habrá de sepultar.
—Que calle el agorero,
ya sé que somos cero
y todo ha de acabar.

La muerte rasca y rasca
en forma que da basca
su ríspido violín.

Tras ojos van las manos
de cuerdos y de insanos:
deshacen los gusanos
la carne hasta su fin.

Suenan ranas y grillos
sus agrios caramillos,
y el diablo se divierte
con el de los platillos.
La dulce queja vierte
su vano lamentar.
Mariana en su ventana
siente las languideces
de una dicha lejana
que nunca ha de llegar.

Me arrullan las mareas
de las aguas leteas.
Sombras consoladoras
que me cerráis la mano,
llevadme a las auroras.
El alma mira a veces
el fondo del arcano.

¡Oh estelar portento!
¡Amable serenata!
El río va con lento
señorío de plata.
Un niño escucha atento
la endecha estremecida
que discurre en el viento
y le embruja la vida.

En la noche de seda
la rutilante luna,
desde sus miradores,

en el azul vigila
la casa de la cuna
ya sin sus moradores.
Adiós, gentil Zaleta,
en mi corazón queda
tu mágica escoleta
    y la
queja de tus amores.
¿Quién, con la melodía
de tu música, un día,
hubiera imaginado
que me consolaría
del hoy y del pasado?

En mis oídos
jamás se apagarán
de tus sonidos
los dolientes ayes,
que como errantes layes
sobre los mares van.

     *   *   *

Despejó la noche el ceño,
se desnubló mi pesar,
como en el viejo cantar,
todo fue tan sólo un sueño
a las orillas del mar.

Cuando levanté la vista entre el cerro y la solana caía la claridad del cielo; las sombras de los árboles comenzaban a concretarse y despertaban las primeras disonancias matinales.

El mar —plata y azul, vaivén y espuma— tiene una suave palpitación. No me canso de contemplar el horizonte y la curva del cielo. Siento una vaga nostalgia, sensación fabulosa de tiempo y de distancia. La inmensidad se esfuerza por

139

alcanzar las huellas de mis pasos en la arena. Embelesado recorro sus movimientos, la semántica de las mareas rezumantes de espuma que adicionan guarismos aumentando las primas náuticas y las corrientes reformatorias. ¡Oh almirante de los milenarios, adelantado azul de las tierras contingentes! ¡Hurra por el montaje de horizontes, la sucesión suntuaria y el superávit de pájaros! Sobrellevas en tus cambios la medida de la contradicción humana. Los impulsos y sofrenos de tu mecanismo son la imagen de la eternidad. Mírate en el alinde de la estupefacción franqueada por noviembres de púrpura y refrenda nuestro pacto metamórfico endosando las eflorescencias de tu reino contra las últimas libranzas del sueño. ¡Que tus resonancias de canto tibetano vengan rodando en el tumulto del silencio la voz blanca de Dios —alfa y omega, todo y nada— mientras deploro el tiempo maravilloso de mi infancia frente a la honda inquietud de la transitoriedad de la vida!

Desvanecimiento

Por la tarde encantada
que recorren patrullas invernales,
yo busco en la dulzura de una imagen borrada
la dicha que rompieron los abrazos fatales.

Viene un rumor tremante
de cristales
de los barrios lejanos como una marejada,
hasta el silencio errante
de los hospitales.

En el jardín de alma deshojada
presiento su sonrisa a la melancolía ligada.

Mas su llegada espero
sin signo de apariencia,
pues su pisar ligero
no toca ya sendas terrenales:
desvestida de carne camina en la balada.

La plaza labrada

En una tarde clara y azul como mi amada
llegaban a la plaza bandadas de estudiantes,
se aplaudía, se reía con risas coruscantes
en la solemnidad de la piedra labrada.

Todo tenía un aire brillante de parada,
irradiaban de gozo los jóvenes semblantes,
apenas un presagio: los esbirros con guantes,
y la sangre corrió por la plaza labrada.

Muchos, muchos subieron la escalera mellada
y sintieron las ráfagas. Los días espeluznantes
alcanzaron el grito de la carne sangrada:

esperan en la sombra de los tiempos distantes.
¡Adelante, adelante las banderas chasqueantes,
por los que no volvieron de la plaza labrada!

Canción antigua

Por el camino de Jalapa,
de Jalapa a Coatepec,
una tarde por el bosque,
a tres niñas me encontré.

Una se llamaba Carmen,
la otra, de gracia, Inés.
¡Ah qué diablo de muchacho!
De la última me olvidé.

Una vestía de rosado
y la otra de café.
¡Ah Manuel de mis pecados!
La tercera ¿iba de qué?

Por el camino de Jalapa,
de Jalapa a Coatepec,
una tarde de verano
a las tres me declaré.

La primera dijo ¿quién sabe?
la segunda: lo pensaré,
la tercera, bajó los ojos,
y ya no supe después.

¡Había flores! ¡había pájaros!
¡y corrientes de cristal!
¡Había danzas acordadas!
¡y capullos que cortar!

Cuando pasaron los años
y a Jalapa regresé,
no había bosque, ni muchachas.
Muerto estaba mi querer.

TRES CANCIONES EXISTENCIALES

El viajero

En mi viaje por el mundo
perdí las ansias de ser.
Ya no soy el vagabundo
que todo lo quiso ver.

El tiempo como un fluido
se ha llevado mi querer;
presente apenas ya es ido,
¿qué queda de nuestro ayer?

Solo estoy con el gusano
que me comienza a roer;
él es hoy el soberano,
y algo va a acontecer.

Historia personal

De niño hacia las estrellas
por los tapancos miré,
y dije: iré hacia ellas,
por la escala subiré.

De joven por el camino
una muchacha me hallé,

y dije: es mi destino,
es ella a quien seguiré.

De viejo cuando en la nada
de la noche me encontré,
volví a cambiar de tonada:
¡a la tierra bajaré!

Tiempo y eternidad

El tiempo que me acribilla
me da mucho en qué pensar:
es cosa que maravilla
que siendo sólo arenilla
se mezcle a la eternidad.

La vida es la tarabilla
que ahonda nuestra ansiedad:
yo no voy tras lo que brilla.
Yo busco la eternidad.

El mundo de la mirilla
se me ha vuelto obscuridad:
fuera danza la gavilla.
Yo marcho en la eternidad.

HAMLET O EL OSCURO

> Yo le doy mi moribunda voz.
>
> *Hamlet* (escena final)

Personajes

HAMLET, *Príncipe de Dinamarca. Barbón, pelirrojo.*
EL POETA ADOLESCENTE.
LA MUERTE.
VOCES.

La escena es en un aserradero del río Tuxpan

POETA: ¿Por qué caminos oscuros
nos trajo la voluntad
para ponernos en frente
de nuestra adversidad?
¿Fue Dios el que de repente
de nada sacó el conjuro
y puso lo diferente
para integrar al futuro
la poesía y la verdad?
¿Cómo sería la alborada
de no haber la fantasía,
el jardín y la serpiente
de aquella edad sibilina,
el Quijote, Celestina,
el amor y la doncella,
rumor, onomatopeya,
barcos de vela en la ría?
¿Cómo sería lo primero?
¿Sería Dios el botero

145

o el hombre el que pasaría
de la onda a lo certero?
Por las espumas del mar,
por el cielo de añil,
por las manos de marfil
de Ofelia en trance sutil,
por el arte de alta ley,
por las púas de nuestra grey,
por las hierbas de aburar,
no me hagas desesperar,
Oh Hamlet, de mi emoción,
abandona tu ataúd,
venga a mí tu aparición,
sácame de esta inquietud,
y ayúdame a ventilar
el pasmo de la cuestión.

(*Hamlet llega a bordo de un remolcador. Salta al muelle*)

HAMLET: Hola, chico, andas de pinta.
POETA: Vine a encontrarte,
           pues supe de buena tinta
           que llegabas.
HAMLET: ¿De qué suerte?
POETA: El tío de Dinamarca,
           tú sabes, gente de marca,
           me dio el nortazo. ¿Qué tal?
           Viento y lluvia de repuesto
           por tu tierra.
HAMLET: ¿Sabes esto?
POETA: Lo aprendí en la Cantonal.
           ¿Cómo están en Elsinor?
HAMLET: Lo mismo que en Helsinborg.
           ¿Y aquí?
POETA: Menos peor.
HAMLET: Peor es superlativo.

POETA:	Es mejor, tanto peor.
	Aquí nada es decisivo.
	Hay siempre dubitación.
HAMLET:	¿Tú sabes lo que pasó?
POETA:	Guillermo me lo contó
	y tú lo aprobaste.
HAMLET:	¿Yo?
POETA:	Tú aceptaste su versión
	pues te quedaste callado.
HAMLET:	¿Cómo podría rebelarme
	siendo él mi propio autor?
	Quizás podría quejarme,
	pero jamás apartarme
	de tan insigne creación.
POETA:	Otros se han desenlazado.
HAMLET:	Mas no gracias a sí mismos,
	sino a los suprematismos.
	Al Quijote, contextura
	Unamuno le buscó,
	y abrillantó su armadura.
	Y en la vida de la farsa,
	de una breve comparsa
	Pirandello se hizo autor.
POETA:	Yo podría darte una mano.
HAMLET:	Bueno, inténtalo pues.
	Pero ten mucho cuidado,
	no te atengas al Letrado
	Sajón sólo, ni a Belleforest.
	Soy más bien shakespereano.
POETA:	Y además sobresutil,
	de complejidad lleno,
	espasmódico, vehemente,
	lo que hace más ardiente
	la trama del ocurrir.
	Lo que siempre me ha gustado

147

es el pasaje agotado
sobre la eterna cuestión:
To be or not to be...

HAMLET: Déjalo para después
porque está en el tercer acto.

POETA: Pero estuvo de antemano
en el segundo.

HAMLET: Un tracto
lo arrancó de su lugar.

POETA: Derecho vamos al punto:
¿Seguirás tras el difunto?

HAMLET: Espectro querrás decir.

POETA: Es lo mismo que morir.
Estuviste conturbado
cuando hablabas con el ente
y no querías avanzar
más allá del terrado.

HAMLET: Tú leíste mal mi drama.
Nada de eso es cierto.
Estás en gran desconcierto
con tus cuentos de pilmama.

POETA: Siempre tú tan arrogante.
No dudo que seas valiente,
lo probaste en alta mar
al abordar los piratas
en increíble dislate,
cuando saltó el disparate
y dio bandazos tu autor.
Pero te encogiste frente
al fantasma peregrino
tan parecido a tu padre.

HAMLET: Por el contrario, fui adre-
demente entre mi gente
para abrirme camino.
Sin embargo, es natural

	que estuviera asombrado
	por lo sobrenatural.
	¿Qué harías tú si un finado
	te salta de un matorral?
POETA:	Yo exclamaría ¡Qué padre!
HAMLET:	Es una finta vulgar
	indigna de ti, rapaz.
	Si amas realmente al arte
	tendrás que reportarte
	y ceñirte a lo veraz.
	Tienes que "ser", no "hablar",
	como esa gente que vuela
	de un romance de vihuela
	tras el aplauso banal.
POETA:	¿Y si fui ya no seré?
	¿Y si vivo moriré?
	¿Y si muero acabaré?
HAMLET:	Lo que pasó, ya pasó.
	Es fuerte forzosidad.
POETA:	¡Un pleonasmo te agarré
	y el que agarró...
HAMLET:	Lo sé.
	Tu tendencia es trastocar
	y te gusta el calambur.
POETA:	*Tu quoque.* ¡Ave y abur!

(Quiere irse, y Hamlet le sujeta por el cuello)

HAMLET:	Aguarda. Vas a entender
	que para la eternidad
	no importa la actualidad,
	el fin es ser o no ser.
POETA:	¿Eres Hamlet o su sombra?
HAMLET:	Del infinito eres dueño
	y me evocas. ¿Qué te asombra?

POETA: Pasar del sueño a la sombra
para volver luego al sueño.

HAMLET: Es lo mismo sueño y sombra.
Tu vida es una sonata
en las manos de una joven
que recorre su teclado
instigada por Beethoven.
Sueño y sombra, sombra y sueño,
que la enciende y desbarata
en su fuga de fogata,
para abajo y para arriba,
y como una catarata
a la muerte te derriba.

POETA: Quiero que pongas tu empeño
en resolver la cuestión,
que esto a mí me quita el sueño,
pues el que habla no nombra
y agrava más mi aflicción.
Si tarda la previsión,
cuando termine la espera
estaremos ya al ras,
y lo que venga de fuera
o lo que quede en cantera
será el parce y no la paz.

HAMLET: Sí que es grande tu ambición.
El engaño de tu sueño
es tu propia perdición.

POETA: Quisiera yo recordar
en este mismo lugar:
Dar o no dar es la cuestión.

HAMLET: Ésa es la cuestación.
Me sacarás canas verdes,
jamás vi tal sinrazón.
Tú ni atas ni desatas,
y si de la cuestión tratas,

	tú te pierdes y me pierdes
	y no queda apelación.
POETA:	No volveré a transgredir
	la ley de nuestro vivir
	aunque sea contractual;
	de cualquier manera mata.
HAMLET:	Lo que el tiempo te sopló
	el viento se lo llevó,
	y la vida te amargó,
	pero todo queda igual.
POETA:	Tu crueldad con los galanos
	Rosencrantz y Guildenstern
	te mancha. Erais real-
	mente amigos, pues no en vano
	ellos creían servirte,
	ya que ignoraban la urdimbre
	inventada por el rey.
	Obedecerle era ley.
	Los trataste a lo gitano.
HAMLET:	Pero tú ignoras el timbre
	del poder y la realeza;
	yo mando por mi cabeza
	y no por lo que otros ven.
POETA:	No creo que estuvo bien
	el pliego en substitución
	al que envió el soberano:
	tuviste la idea, villano,
	de escribir en el papel,
	mátalos hasta inconfesos.
	¿Qué dices de estos excesos?
	Cuando estaba humillado el
	asesino y a tu alcance,
	con el alma ya serena
	de la inmundicia lustrado,
	no cumpliste su condena,

esperando mejor trance
cuando se hallara en pecado
para mandarlo al azufre,
porque es en el que se sufre,
y no en la gloria sin pena
en donde al fin el malvado
puede gloriarse a la buena.
¿Por qué no la paridad?

HAMLET: Con mi padre, a este tenor
sí, porque murió en la flor
de su crimen y pecado,
y para ser igualado
el otro debía morir
igualmente condenado.

POETA: Pero no los caballeros
tus amigos, compañeros
de aprendizajes y juerga
con quienes en Vitenberga
estabas tan asociado
cuando todo era bonanza
y no andabas preocupado
por ninguna malandanza
como hoy, acancerado,
con marcas de mala crianza.

HAMLET: Se me pasó la mano.
El poder es el poder.
Pero no puedes poner
en duda mi encastillado.
Tengo el gusto delicado,
a la poesía me inclino.
Cuando me invocaste
no tardé al fiel contraste,
y aquí me tienes a tino.
Y otra, por lo que más quieras,
no pretendas ayudarme,

	pues me pones al revés,
	y a punto estás de inmolarme
	en nombre, gloria y prez.
	Si sigues con tus manejos
	me regresaré a Jutlandia.
POETA:	Yo me voy a Disneylandia
	y así estaremos parejos.
HAMLET:	Te equivocas: disparejos.
	Disneylandia es la trolera;
	mi tierra, si ventanera
	de la mar, es verdadera.
POETA:	Mentira hay que es verdad.
HAMLET:	¿Acaso es adivinanza?
	Será la divina holganza
	del castillo de Baviera,
	porque ése es Disneylandia
	de mentirosa verdad.
POETA:	Acertaste a la primera.
	Pero ¿entonces la sirena
	no es vuestra macarena?
	¿Se oye su cantilena?
HAMLET:	No es de esa idoneidad.
	La pescaron en un cuento.
	Es tan sólo un repulgo
	que al pasajero vulgo
	le regala la ciudad.
POETA:	Sigamos con el recuento.
	A mí me causa mosqueo
	tu supuesto alelamiento.
	En tu drama hay un muestrario
	de todo lo que es obsceno,
	pues con un lenguaje inmundo,
	en estilo cuartelario
	y frases de doble empleo
	insultaste a medio mundo

sin poner ningún refreno.
Te alejabas de la gente
para fingirte demente
y volver a tu devaneo,
soez, duro, inclemente.

HAMLET: Prefiero abrir el pichel
y no tragarme la hiel
que me envenene el aliento.
¿Querías que me befaran
y a las barbas me soplaran?

POETA: Recuerdo bien el fragmento
cuando estás frente a ti mismo
y haces sonar tu lirismo
autoritativamente
con un arremetimiento
rayano en el paroxismo.

HAMLET: El rey se tenía en guardia,
cuidaba su retaguardia,
estaba a la defensiva,
despachaba mensajeros
y ponía sellos arteros.

POETA: Ofelia decía malicias,
y ya me imagino el aire
que pondría cuando al socaire
"Mi señor", te repetía
de deliciosa manera
lo que ella se sabía,
con la misma insensatez,
que en la reunión de mujeres
las chicas todas a una
sin temor a cosa alguna
aventaron las chancletas
bailando en las losetas
con bellos, descalzos pies.
La reina te alcahueteaba

defendiendo tu manía
cuando a Polonio, sin vida,
dejaste de una estocada,
y expusiste su barriga
digna de mejor intriga.
También los sepultureros
hicieron sus chistes torvos,
y todos ponían estorbos
que estropeaban el mandato,
que adrede el destino loco
con un pretexto barato
guardaba en su desbarato.
Sólo Horacio era sensato,
pues era parco al hablar,
por lo que se supo poco,
y ante la duda es mejor
absolver que condenar.
El acero y la ficción,
la añagaza, el expediente,
he aquí tu señalamiento
y tu determinación.

HAMLET: No sabes lo que es la ética,
y yo sí mi obligación
de príncipe y de poeta.

POETA: Entonces, anacoreta
prefiero ser y no Borgia.

HAMLET: Tú sales de alguna logia
liberal, chambón, inculto,
hablas por aproximación,
sólo al tanteo y al bulto.
¡Por mi sangre elizabética
debía darte un coscorrón!

POETA: No seas tan impaciente,
atempera tu corriente.
No es que yo quiera insultarte

155

ya que soy tu admirador,
pero deseo recordarte
que eres un egocentrista.
En tu honda condición,
eres un gran egoísta,
un auténtico anarquista.

HAMLET: Y tú un soberbio embrollón.
Prefiero que tú me digas,
pero dímelo en cantigas,
las flores que te enseñaron
en el famoso plantel.

(Cantar en tono de balada)

POETA: Que los que la tierra araron
no siempre la cosecharon,
y que los enanos
que en ella brincaron
nunca, nunca la amaron.
Que jurar es perjurial
y vivir existencial.
Que la actual generación
que crió la televisión
se olvidó de Altisidora,
de Helena y de Mona Lisa,
y encanallada de amor,
toma por alta señora
a la rubia Superior.
Dijeron que subiría
la vida con amargor,
y que todo ascendería
con Zubiri en ascensor
hasta Dios con sus querellas,
pero que las estrellas
girarían por el amor.
En cuanto a récord de altura

(eso dijo Apollinaire)
Cristo es el gran triunfador
remontando la investidura
mejor que un aviador.
Que el diablo a mí no me triza
ni en miércoles de ceniza.

HAMLET: Querrás decir que te tizna.

POETA: Ése aún no está en brizna,
pues yo nací en Veracruz
donde la churre no es bizna
y el calor es nuestra cruz.
Sólo tenía siete eneros
y andaba de talabarte:
señas de mí puede darte
la gente de mi letrero.
Yo conquisté mi renombre
apostrofando al más hombre
de los lobos esteparios,
y con mi fuerza tirana
maté pulgas a desgana
y me uní a los futurarios.
A mí nadie me la pega
y ninguno a mí me enarca.

HAMLET: Rimas a contra y talega
y acaso sólo es trasiega.

POETA: Igual que Lope de Vega
y Calderón de la Barca.

(Fin de la balada)

HAMLET: ¿Y qué dijeron del diablo?

POETA: Que huele a azufre el vocablo;
que el diablo es un amargado,
un frívolo empetatado
que ha perdido la sonrisa,

	en fin, un pobre nahual,
	con decirte que va a misa,
	y no hace ni bien ni mal.
HAMLET:	¿Sabes lo que es retórica?
POETA:	La caja metafórica,
	igual a la de Pandora.
HAMLET:	Nunca la abras jamás,
	no sabes lo que atesora,
	sus gajes fueron dolores
	para Goethe y los amores
	que no gozó en Marienbad.
	¿A quién asiste la rima?
POETA:	A la frase que se arrima.
	Si ésta es oportuna,
	acaso te hará soñar.
	Pero si rima a la tuna
	seguro pierde el azar.
HAMLET:	¿Qué razón me puedes dar?
POETA:	La rima, Hamlet, desvía
	del hilo de la poesía
	y nos hace titubear.
	¿Has visto al equilibrista
	que tiene puesta la vista,
	en vilo, a lo esencial?
	Acierta sólo el artista,
	pero no el hombre casual.
HAMLET:	¿Entonces el casualista
	no es más que un arribista?
POETA:	No hay nada que lo redima
	pues sólo quiere medrar.
	Cabal es el de la prima
	y no el mero apostador:
	el uno tan sólo tima
	y el otro acierta en rigor.
HAMLET:	Hubo un tiempo en que la luna

fue amada de los poetas;
Leopardi, Laforgue, Lugones,
la rodearon de canciones
de una manera importuna.

POETA: Yo era entonces modernista
y un poco crepuscular,
y en mis horas indiscretas
la seguía con la vista
alzarse sobre las mieses,
o en jardines de cipreses
deslizar su aristocracia.
Tampoco le quise hablar.
Nunca le dije "¿Qué tienes?"
como Juan Ramón Jiménez.
Le sonreí algunas veces
a su quimérica gracia.
Fue pobre nuestra amistad.
Cuando comprendí que ya
muerta para siempre está,
de ella me despedí,
y dando nuevos virajes
la olvidé pronto en los viajes
que por el mundo emprendí.

HAMLET: ¿Cómo consona la luna?

POETA: Mirándose en la laguna
y volviéndose de plata;
gástala en la serenata
y quiebra a la Fortunata,
que vida no hay más que una.

HAMLET: Canijo, tú me das soga,
· te metes en las mareas
y todo lo bemoleas.
No eres el niño que se ahoga
si el pozo está destapado;
ya ni creo que niño seas.

POETA:	¡Qué hermosa revelación de lo que estaba ocultado, apenas tornasolado vuélvese brillante sol!
HAMLET:	¿Qué te importa lo encubierto? Tú piensa sólo en lo cierto, lo precipuo es la cuestión. Cuando te grite la parca ya tu tiempo se acabó, procura estar en la barca y que tu "yo" sea tu "yo". ¿A favor de quién estás?
POETA:	Miremos a uno por uno.
HAMLET:	¿Te simpatiza Unamuno, Sartre, Marcel, Kierkegaard?
POETA:	No olvides al nazifás Heidegger.
HAMLET:	¡Faltaba más! *Das Nichts nichtet.* En suma, *Nadas de nada.*
POETA:	Aparta lo sibilino, al pan pan y al vino vino.
HAMLET:	Sartre dijo: Soy la nada.
POETA:	Y yo digo, no soy él, pues lo falso está en la mente.
HAMLET:	Lucrecio afirmó también que el miedo era inexistente y está sólo tras la frente. Nada digas de repente, hablar es delicuescente, y tente tieso a tu vez.
POETA:	La vida es sentimental.
HAMLET:	La vida es circunstancial.
POETA:	La vida tan sólo es una.
HAMLET:	Querrás decir que no es dada.

160

POETA: El tiempo no vale nada.
HAMLET: Hay patos en la laguna.
POETA: Yo nado con la quimera.
HAMLET: Tú nadas con la frutera.
POETA: Yo sufro con la frutera.
HAMLET: Y tú sufres con la quimera.
POETA: Bailemos con la serrana.
HAMLET: Corramos por la pradera.
POETA: La vida está en el mañana.
HAMLET: Pero el mañana no es nada.
POETA: Dale espaldas a la nada.
HAMLET: Trinquemos con Santillana
pero ya no digas nada.
POETA: La nada es desnarigada,
la desnarigada es nada.

(Interviene la Muerte)

MUERTE: Fantoches de la tiznada
verán si la nada es nada,
nadie puede probar nada.
HAMLET: La nada es nada de nada.
POETA: Y la misma nada es nada.
HAMLET: Yo nado con la quimera.
Cambiemos por la pantera.
POETA: La muerte es más sandunguera.
HAMLET: Da vueltas la ventolera.
POETA: Yo lucho contra la nada.
HAMLET: La nada es tu compañera.
POETA: ¿Entonces yo soy la nada?
¡Ah viento de ventolera!
Ya no quiero nada, nada. *(Pausa.)*
Dime, Hamlet, mi hermano,
¿por qué dudas en la acción?
Si sabes que todo es vano,

con los pelos en la mano
dueño eres de la cuestión.

HAMLET: Si dudo, amigo Manuel,
es a causa del traslumbre;
lo que hoy es tapado fiel
mañana será deslumbre
y querrán morir por él.
En este mundo bribón
el juego de la mentira
está en nuestro corazón.
Cuando la alondra suspira
y te arrulla su canción,
la verdad es que ya expira
y acabó nuestra ilusión.

POETA: Hamlet, Hamlet, cuán amarga
suena en mí tu reflexión.
Yo creía la vida larga,
de una eterna duración,
pero hoy sé que nos embarga
el roedor de la razón.

HAMLET: Mantente siempre en la brecha.
No aceptes la cosa hecha:
es parte de la cuestión.

POETA: Mira, Hamlet, nuestra historia
es cosa para soñar;
como tú yo amé la gloria,
la mujer, la tierra, el mar.
Nunca ducho fui en la esgrima,
ni acerbo. Cuanto a la rima
la tomé con suavidad.
No supe estarme callado:
mi vida fue un altercado
con Dios y la Eternidad.
Yo no estuve en el infierno
pues no me parezco a Dante;

él llevaba siempre túnica
y yo la camisa única;
él era poeta tomista
y yo avanguardista.

HAMLET: No quiero tirarte el guante,
pero fuiste del gobierno,
te subiste al carrusel.

POETA: Pero no estuve con él
ni él con mi sacramento.
En el establecimiento
las almas son de cemento
y las glorias de papel.

HAMLET: Eso suena a desahogo.

POETA: Siempre fui a la verdad
fiel, y jamás me arrogo
el gesto del demagogo
o cosa que no es veraz.

HAMLET: Mejor es que estés callado,
no digas una palabra,
la obra es la que nos labra
y olvídate lo demás.

POETA: Contigo iré hasta el final.
En aquel tiempo lejano
¿en qué te entretenías
fuera de lo cortesano
y de tus melancolías?

HAMLET: Yo me subía al castillo
a mirar la lejanía,
el mar estaba a rastrillo,
azul, gríseo, lechoso;
y mi alma se dilataba
en tanto que yo soñaba,
y me sentía dichoso.
Zarpaban barcos del puerto
y pensaba ¿adónde irán?

Todo leve parecía,
pues tenía el pecho abierto
cuando pesaba lo arcano;
es verdad que aún no había
tomado la muerte en mano
y Ofelia era mi imán.
Extraño los tiempos viejos
y los bailes de candil,
a Ofelia entre los espejos,
Laertes de aire gentil.
Todo aquello está tan lejos
y tan bello era, que
parece que nunca fue.

POETA: ¡Qué vivos nuestros reflejos!
Yo entraba como un alfil
deslizándome en el parqué;
en escaques de ajedrez
los pajes, la reina, el rey,
remedaban un ballet.
Me salía por los espejos
y había reverencias mil.
¿Qué fue, Hamlet, lo que fue?

HAMLET: El tiempo se hizo senil.

POETA: Tengo una aprehensión sutil
que no te puedo ocultar.
No puedo entender la treta
de aquella escena obsoleta
en que la insultaste vil.

HAMLET: Ella era de la Secreta
y se me volvió hostil.

POETA: ¿Dices que era garfil?
HAMLET: No. Pero sí estafetil.
POETA: Refiéreme la parleta.
HAMLET: Me la mandó el Chambelán
con el fin de averiguar

si iba bien de la cabeza,
y poderse asegurar
ya con entera certeza
de ser farsa mi desmán.

POETA: Mas ¿tú cómo lo supiste?

HAMLET: Lo supo la Conasupo.

POETA: Pero si allí nadie supo
que es pan, azúcar, yantar.

HAMLET: ¡Ah rayos, truenos del Issste,
adónde vas a parar!

POETA: Eso lo supo el autor
pero tú no lo supiste,
era tan sólo una treta
que te endosó Chequexpir.

HAMLET: Precisa es la conjetura:
Ante el rey, Polonio dijo,
"Le echaré a mi hija".

POETA: Pero tú no estabas ahí,
y fue antes de la rija.

HAMLET: Me disponía a salir.

POETA: Son solamente sospechas,
acaso creíste oír,
pudiste oír de través
o lo leíste después.
¿Era Ofelia de las derechas?

HAMLET: Me parece que te propasas.

POETA: Y tú cuando en su regazo
te acostaste en la función,
¿no diste acaso sospechas?
¿Te acuerdas de la razón
que diste, saliendo al paso
de la real invitación?
No metal, divino raso
debió ser tu sinrazón.
¿Trajiste el manuscrito?

HAMLET:	Allí no está el finiquito de todo lo que pasó.
POETA:	Fue el día de San Valentín que perdió su doncellez.
HAMLET:	Estoy de chismes ahíto y hay que buscarles fin.
POETA:	Antes de que se ahogara aquella linda criatura y de esa manera rara, que parece una impostura, a la reina le contó lo de antes y después. También el rey lo escuchó. Está allí lo que repito, aunque con mayor primor. Léelo entre renglones, canciones y decepciones que a mí mismo me confió.
HAMLET:	Me las voy a procurar.
POETA:	Tu trato con la beldad lleno está de oscuridad. Hay quien dice que la amabas, mas no era hondo tu amor. Rumoran que os besabais mientras que en la soledad las horas lentas pasabais en ceñida intimidad.
HAMLET:	Por aquella novia muerta me rehúso a declarar; que el mundo crea lo que quiera: la vida es una quimera y Ofelia no ha de tornar.

POETA: ¿Y si otra vez el amor
        te tienta con su dulzor?
HAMLET: No le habré de contestar.
POETA: ¿Y si la primavera
        viene a tu rendición?
HAMLET: Cerraré mi corazón.
POETA: ¿Y si te diera a besar
        su boca como una flor?
HAMLET: No lo quiero ni soñar.
        Fue la carne mancillada
        la que a mi madre perdió.
POETA: ¿Y si te entrega la llave
        de su íntimo candor?
HAMLET: Tiraría la llave al mar.
POETA: ¿Y...?
HAMLET: ¿Eres tú el tentador?
        No conjures al amor,
        mejor déjalo pasar.

(Termina la balada)

POETA: Otra cosa hay que aclarar.
        ¿Por qué gritaste a Laertes
        con esas palabras fuertes
        y tan fuera de lugar?
        ¿Te acuerdas del cementerio,
        cuando los sepultureros
        sacaron la calavera
        de Yorick, ya sin sus fueros?
        En aquello hay un misterio.
        ¿Por qué en esos andurriales?
HAMLET: Yo salía del tremolío
        de los piratas

POETA: ¡Qué lío!
HAMLET: para caer en la huesa
abrumado de tristeza.

POETA: ¿Mas tus gritos infernales?
¿Tu querella irracional
en medio del barrizal?
Acababan de enterrar
a Ofelia. Tú la ofuscaste,
la dejaste mal herida
y causaste su suicidio
(deberías ir a presidio),
pero antes, de una embestida,
a su padre le sangraste.
Dijiste, es una rata,
no era cierto, fue una errata,
y hasta lo puedo jurar.

HAMLET: Me saltaba en la retina.

POETA: Estaba tras la cortina.

HAMLET: Ya no importa, un botarate,
que tenía que despachar.
Escrito a nativitate
estaba ya.

POETA: —Tate, tate...
Todo es veneno y acero
en tu determinación.

HAMLET: Lo más terrible del drama,
por la causa de un botón,
fue la muerte a la derrama.

POETA: Explícate, barbinzón.

HAMLET: Tenía veneno el florete
de Laertes, que entró en la trama,
pero hubo el trueque fatal.
Yo pinchélo a él, el cual
me esgrafió a mí, igual.
En la copa había cicuta

	que la reina, por error,
	en medio de la disputa
	bebió ante el usurpador.
POETA:	Pero no resultó mal,
	salió ganando el autor.
HAMLET:	La fuerza del desatino
	provocada por el cetro
	nos enredó en el destino
	y en sus redes nos cogió.
	Sólo dije: *Vade retro*,
	y en un golpe de costado
	mi espada lo congeló.
POETA:	Palabras, declamaciones,
	hay muchas contradicciones
	en tu manera de actuar.
HAMLET:	Ya te expliqué que lo oculto
	me induce a desvariar,
	a veces lo de más bulto
	es difícil de feriar.
POETA:	Te cargas mucho a lo oscuro,
	toma un poco de bromuro
	y deja de cavilar.
HAMLET:	¿Me quieres tú provocar?
POETA:	No. Ambos somos valientes.
HAMLET:	Llevarías la de perder.
POETA:	Estaríamos a la par.
	Me he batido hasta los dientes
	al lado de Lagarder.
HAMLET:	¿Por casualidad también
	de farra con Sandokán
	no te fuiste alguna vez?
	Vestirías de caftán,
	fumarías en narguilé
	estarías con la odalisca
	más hermosa del harén

queriendo sacarle pizca,
y te arrojaste a los pies
de la hija del sultán,
que te daría un tente en pie.
¿La reina de Saba no te
hizo un teleguiño
o cualquier otro escarceo
que resaltara su aliño
como aquel dulce meneo
con que destrozaba a Antonio,
y no era sino el demonio
disfrazado de mujer?

POETA: Me adivinas el tupé.
Lees mejor que en el café.

HAMLET: Sospecho que son patrañas.
Estás mostrando tus mañas.

POETA: No, Hamlet, te lo aseguro
que no son cosas de ayer,
el tiempo está ya maduro.

HAMLET: Hay algo que huele mal
en este reino letal:
una peste de salmuera.

POETA: Las jaibas de la albufera.

HAMLET: Todo está en putrefacción.
Ya no se ve el cielo.
El aire tan alabado
por el pincel de Velasco
ahora está hecho un asco.

POETA: No te salgas del presente.
No abandones la cuestión.

HAMLET: Todo está contaminado,
desborda ya la cloaca
y corre la masa empírica,
se diría que es la lírica.
Hacen olas y alharaca.

POETA: El pasado es el presente
y el presente es el futuro.

HAMLET: El tiempo no está enfrente,
tampoco detrás del muro.
Está, sí, precisamente
en el punto del momento,
no es cosa de conjuro
mas de tiempo simplemente.

POETA: Desinteresadamente
Einstein tocaba el violín
en un tiempo diferente.
Su maestro le decía:
muchacho, cuenta hasta tres
o qué ¿no sabes contar?
Pero él entraba a destiempo
y se quedaba atrás,
en un tiempo sin compás,
de aquel tiempo sinfín
en que se medía el tiempo
con la cuerda de un violín,
y la vida valía más.

HAMLET: ¡Ah! qué diablo de muchacho,
cree que era menos gacho
el tiempo de aquel violín,
cuando Einstein, enclavijado,
sonando desafinado,
perdía las horas sin fin.
Pero todo es relativo.

POETA: Yo no hablo de lo vulgar,
sino de lo sustantivo,
hablo de la eternidad.

HAMLET: ¿Crees que el espacio es curvo?

POETA: Quizá yo no soy tan *furbo*
(quiero decir tan taimado)
como Einstein pretendía

ser él, porque si salía
por el costado de oriente
volvería por el poniente.
Pero ¿quién lo contaría?
¿Quién lo vio alguna vez?
Yo prefiero ir de frente
como el judío portugués,
que a fuerza de caminar,
es decir, durar, durar,
ya nunca regresó, pues
al fin se encontró con Dios,
y así siguieron los dos
en la misma progresión.
El tiempo con que yo cuento
no se parece al de ayer.
Si acaso queda un reflejo
de aquel tiempo en el espejo
quedaría algo por ver.

HAMLET: ¿Y qué cosas hay que ver?

POETA: Que el pobre duerme en petate
y se acuesta con su mujer,
los días son de metate
y las noches de querer.

HAMLET: ¿Y si aumenta la ralea?

POETA: No es cosa que importe a él,
eso es tan sólo cuestión
de la ley de población.
Listo a perder la zalea
quiere morir al arranco,
en el primer atrabanco
y de manera liviana,
porque es hombre de través:
"Si me han de matar mañana
que me maten de una vez."
Que México, existencial,

dialéctico, imparigual,
es sólo uno, no dos,
y si viaja hay para-dos,
pues es país de excepción,
y aunque no tiene Dios,
sí tiene su calavera,
su Tonantzin agorera
crismada de Concepción.
Que este pueblo de rebozo
anda en busca del mejor;
siete tiene ya en retozo
y es capaz de echarse al pozo
si al traste da con su gozo
el emboscado mayor.
Baraja y deja cortar.

HAMLET: Hablamos distinto idioma.
Yo digo las cosas ciertas
aunque parezcan oscuras;
tú las cosas alertas
como si fueran locuras.

POETA: Hablo lo mejor que Roma
me enseñó de su vivencia,
a veces un poco vago,
pues me encanta el simbolismo,
me gusta la ambivalencia,
aire y donaire de Francia.
Una expresión sin halago,
un poema sin fragancia
me cae como sinapismo.

HAMLET: Sin embargo, hay algo aciago
en tu lenguaje extraplano;
presiento como un engaño.
En algunos intersticios
se ven ya los estropicios
de la verdad, y los vicios

	aparecen sin empaño.
POETA:	Debes tenerme confianza.
	Sellemos la Nueva Alianza
	con la sangre de un cristiano,
	o, mejor, dame la mano.
HAMLET:	¿Es firme tu vocación?
POETA:	Soy hombre determinado.
HAMLET:	¿En las tinieblas cómo eres?
POETA:	Yo soy el que vive y muere.
HAMLET:	Está fuera de cuestión.
	En ti quisiera creer,
	pero no es firme tu traza,
	hay algo que no me pasa.
	Tu repique es de doblez
	en toda la encordadura,
	y es extraña tu frescura,
	que me hace comparecer.
	Eres como los políticos,
	que esperan los tiempos píticos
	para salir al encuentro.
	A ellos y a ti les digo
	que ya el gusano enemigo
	les está royendo dentro.
POETA:	Pero, Hamlet, sé indulgente,
	no te enfades del relente.
	Crees que todo el mundo gira
	en torno a lo que nos tira.
	Mira un poco a lo medular,
	al trauma, a lo trausente.
HAMLET:	¿Qué me quieres sugerir?
POETA:	Que no todo es soñar,
	que no todo es morir,
	que no es todo acabar.
	Hay que mediar, hay que transar,
	hay que entender, hay que adquirir,

hay que reír, hay que comer,
hay que emprender, hay que elegir,
hay que tomar, hay que escupir,
hay que variar.

HAMLET: Eso será en la otra esfera,
de la comparsa embustera.
No sabes adónde vas.
Presenta tus posiciones.

POETA: No seas tan absoluto.

HAMLET: Sólo hay poluto e impoluto.

POETA: Y entonces lo insoluto
¿quién lo va a agarrotar?

HAMLET: Esperemos el positivo.

POETA: No siembres ya más cizaña
y deja crecer la caña.
La patria es lo relativo
y ya no queda canuto.
Menester es cultivar.

HAMLET: No sé lo que tú pretendes
ni a qué es lo que tiendes.
En esa dubitación
está nuestra perdición.

POETA: ¿No somos acaso el mismo?

HAMLET: Di mejor un similismo.
Me llevarás al abismo
si no ahincas la cuestión.
De ti seguro no estoy,
son raros tus procederes.
Solamente el absoluto
podrá decirme quién eres
y quién yo creo que soy.
Escoge: ser o no ser.

POETA: ¿Por qué estás ahuizotado?

HAMLET: Me atacas al aguafuerte
y entintas mucho el rodillo

	en las pruebas de mi suerte,
	sacas verde el amarillo
	y estropeas mi estampado.
POETA:	Eso será disipado
	cuando salga el embozado,
	pues tal es su cometer,
	que si uno está amarrado
	no habrá de desmerecer.
HAMLET:	No te salgas del presente,
	no abandones la cuestión.
POETA:	La cuestión es el futuro
	y el futuro sucesión.
HAMLET:	"To be or not to be."
	"Ser o no ser" eso es todo.
POETA:	De tal hombre tal hazaña.
	Rompamos la telaraña
	y los sellos del Nirvana.
	Saltemos por la ventana.
	Corramos hacia el mañana
	que es hora de madrugar.
	¡Que salte todo en añicos!
	¡Que gorjeen los ruiseñores!
	¡Que hablen más los pericos!
	Ya no caben más cuestiones.
	Las cosas están bien claras,
	pueden mostrarse las caras
	y el pueblo mire visiones.
HAMLET:	¡Ah! pícaro, *salteador*
	del poder y del estado.
	No necesito ser brujo
	para que del emburujo
	sepa que eres coautor.
POETA:	Cuando se quite el tapujo
	a la cosa solapada
	comenzará el arrempujo
	hacia la dicha embuchada.

HAMLET:	¿Entonces de la empanada qué?
POETA:	Ni nadas de la nada porque se habrán vuelto orujo.
HAMLET:	Tú eres del alibí.
POETA:	No, ni del aleleví porque nunca me escondí.
HAMLET:	Agente de la gazapa, chanchullero, urdemalas, que todo lo descabalas. No vales una zurrapa.
POETA:	Ésos eran los del rey pero no los de mi ley; esos fueron los de ayer pero ya no se han de ver.
HAMLET:	Yo creía que tus anhelos miraban a la poesía, y que con ella tus duelos y tu languor finirían. Qué desengaño ¡ay de mí! siempre, siempre lo temí. Me heriste en el corazón.
POETA:	Yo no quise hacerte mal. Perdóname, somos débiles.
HAMLET:	Sí, somos flébiles, flébiles, y equivocas la emulsión.
POETA:	¡Ah, Hamlet de mi ambición! ¡Cómo pude traicionarte!
HAMLET:	Yo mismo me lo pregunto para llegar hasta el punto de igualar tu condición.
POETA:	Pero la culpa es de Olarte y la tergiversación, que yo nunca tuve parte en aquella rebelión.

177

La vida tiene rigores
que mudan el parecer,
los que ayer fueron albores
mañana sombra han de ser.

HAMLET: Yo creía en tu poesía,
y sólo por cofradía
abandoné mi panteón.

POETA: Me acongoja tu pesar
y que todo tenga un fin.
Volvamos a lo ninguno,
a la nada, al Nahui Olin.
Por ti lo haré, lo haré por ti.
Votaré por Unamuno,
por Dilthey, por Kierkegaard.
Por ti lo haré, lo haré por ti.
¿Quieres que vote al cetro,
que siga con el espectro?
Por ti lo haré, lo haré por ti.
¿O que no vuelva a votar?
Por ti lo haré, lo haré por ti.
Lo que quiero es tu amistad,
la gracia, la eternidad.

HAMLET: Me has herido, yo creía
en ti como en la verdad.

POETA: Si quieres que yo me lance,
por ti lo haré, lo haré por ti.

HAMLET: Pero tú no tienes *chance*.

POETA: Por favor no digas *chance*,
es mejor decir opción.

HAMLET: Ya no importa lo que diga,
todo vale una higa.
La poesía por los suelos.
¿A qué sirven mis desvelos?

POETA: Pero yo no soy culpable.
El culpable es vulnerable.

HAMLET:	Donde se oculta la mágica.
POETA:	La cubren extraños velos.
HAMLET:	¡Ah, que la vida es trágica!
POETA:	Yo sufro tu desventura.
	Aquí está la noche oscura.
	¡Oh Hamlet!, nuestro futuro
	ya no es nada prematuro.
	La luna patibularia
	anda rondando la agraria.
	Hay sombras por la ribera,
	y la Peña está enfoscada,
	arrecia la marejada,
	y la bandera del norte
	alza su sañudo porte.
	¿Volveremos cual la ola
	con su retorno eterno
	o seremos arrumbados
	en el más negado infierno?
	¿No somos los más pintados?
HAMLET:	La muerte se pinta sola
	y nos deja amoratados,
	sin que importe nuestro rumbo,
	ni el isócrono retumbo,
	ni el mundo y su batahola.
POETA:	Vivir es cosa de espanto,
	pero he olvidado llorar.
HAMLET:	Te aguardo en el camposanto
	antes que el servil gusano
	te comience a barrenar.
	Y allí tú decidirás
	acerca de tus quereres,
	si el falso panteón prefieres
	con las glorias del montón
	o el eterno verdadero
	de la única cuestión.

POETA:	Gracias, Hamlet, noble amigo,
	déjame estrechar tu mano.
	Me conmueve tu emoción.
	Poeta, príncipe, abrigo
	la dicha de estar contigo
	en la última cuestión.
HAMLET:	Adiós, grandísimo pillo.
POETA:	Adiós, príncipe amarillo.
	No te vayas hacia atrás.
HAMLET:	Y tú no caigas al ras.
POETA:	Me parece haber soñado.
	Tendré que expiar mi pecado,
	pues no quiero ser culpado.
HAMLET:	"Ser o no ser" eso es todo.
POETA:	Yo te honraré a mi modo:
	a ti mi postrera voz.
HAMLET:	Di a Horacio que me despido,
	que él diga mi galardón,
	es ya inútil lo demás.
	Remember me es lo que pido.
	El tapado es Fortimbrás.
VOCES:	¡Viva la internacional
	de los poetas! ¡Viva!
	¡Que viva Hamlet! ¡Que viva!
	¡Viva Knokke y su bienal!
	¡Acabad con los caciques!
	¡Perezcan judas y triques!
	¡Que viva la recidiva
	de la tragedia inmortal!
POETA:	Si la pieza os ha gustado,
	Maples Arce hoy os invita
	al banquete hamletiano,
	mas sabed que en esta cita
	no manduca el invitado;
	el que come es el gusano.

A Hamlet

¡Oh Hamlet, camarada de este sueño,
que has venido a buscarme hasta mi río,
mira conmigo en el destino umbrío
y líbrame de angustias con tu empeño!

¿Es mejor reposarse como un leño
que aguantar el horror de lo baldío?
¿O por la oculta voz del albedrío
volver la daga en propio desempeño?

Al punto de partir para lo eterno
mi temor a lo oculto es un infierno;
—flor, mi vida de ayer, sólo un momento,
sé que estoy en la última jornada,
pues de la muerte voy en seguimiento,
a las nadas de nada de la nada.

ÍNDICE

POEMAS INTERDICTOS
1927

MEMORIAL DE LA SANGRE
1947

187

Las semillas del tiempo

Se acabó de imprimir el día 31
de agosto de 1981 en los talleres de
Gráfica Panamericana, S. C. L., Pa-
rroquia 911, México 12, D. F. Se
tiraron 3 000 ejemplares y en su
composición se emplearon tipos Ga-
ramond de 18 y Baskerville de 12,
11:13, 10:12 y 10:11 puntos. Cuida-
ron la edición el autor
y *Lorenzo Ávila*.